焼失した3代目天守閣の設計図

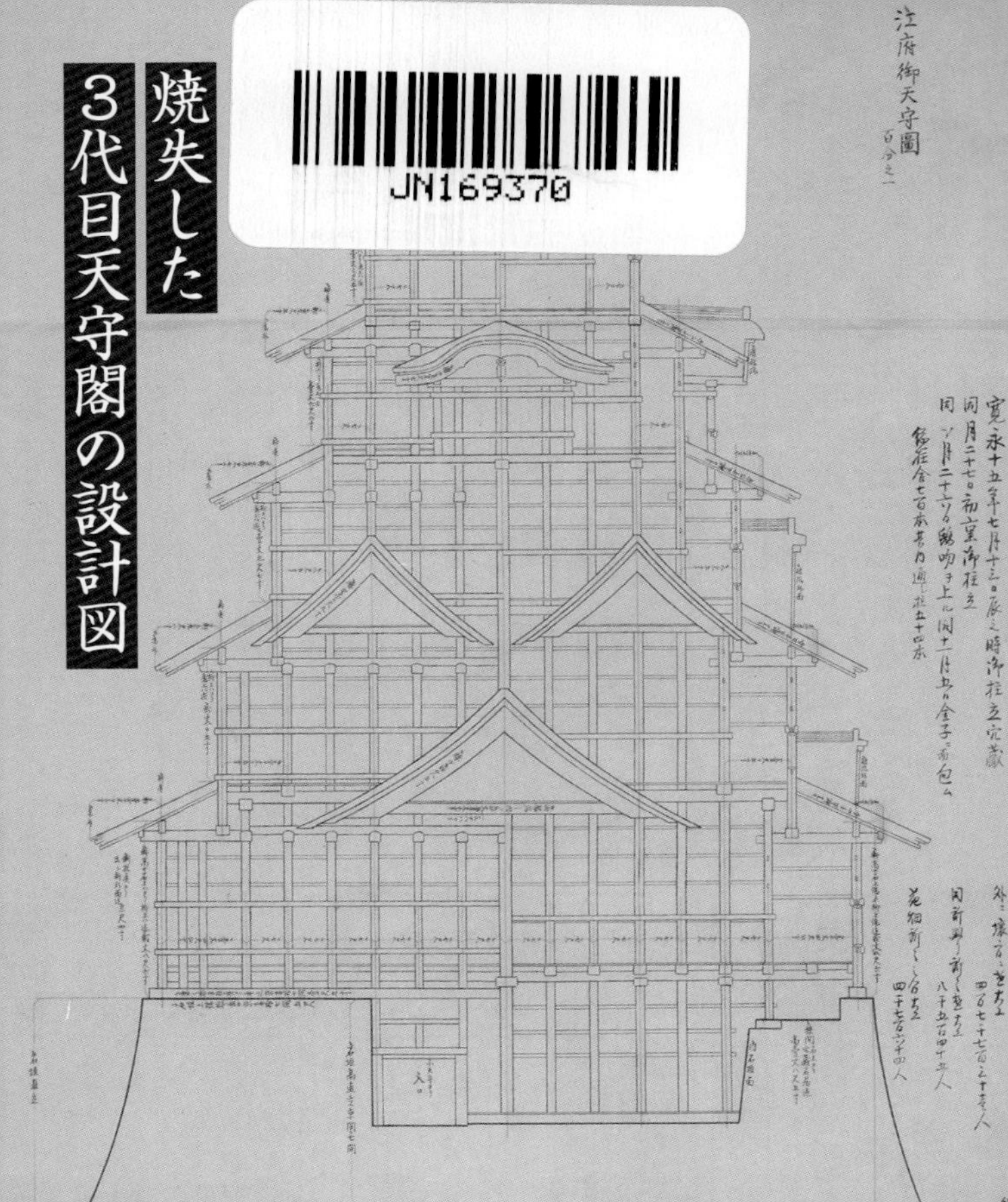

明暦３年（1657）の大火で焼失した３代目天守閣の設計図。江戸幕府作業方大棟梁であった甲良宗広（1574〜1646）の手によるもので、同家に伝わっている。この設計図を元に復元が目指されている（「江戸城御本丸御天守１／100 建地割」東京都立中央図書館 特別文庫室所蔵）

経年変化後の復元天守閣・正面図

本書表紙カバーに掲載した復元図は、竣工直後の状態だが、年月を経て銅には錆が生じ黒からこの図のような青に変化すると考えられる。

経年変化後の復元天守閣・側面図

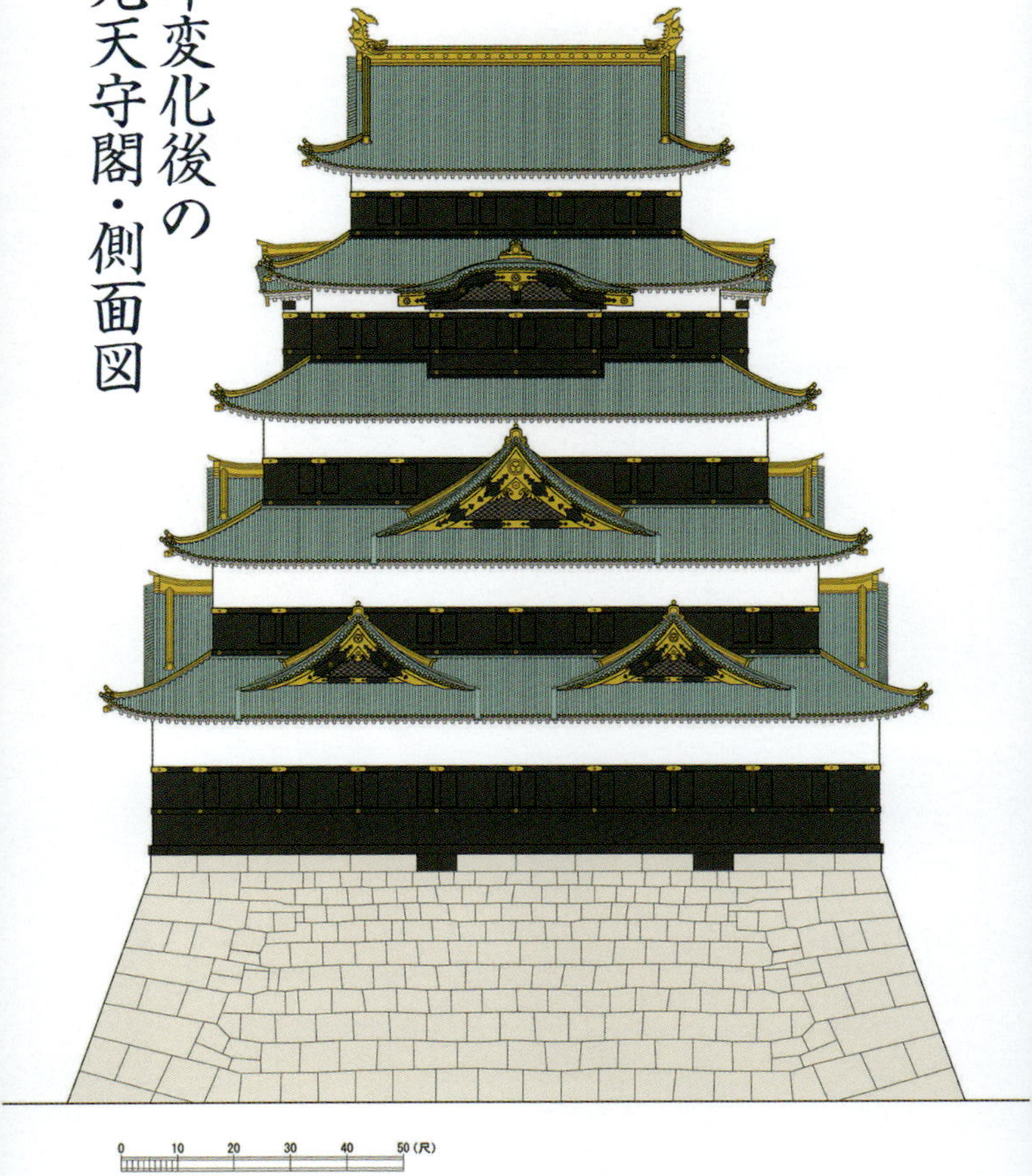

右復元図を側面から見た図。
（復元・作図／中村泰朗、野中絢　監修／三浦正幸）

御本丸

江戸図屏風に描かれた江戸城天守閣

江戸図屏風は徳川家光時代の市街地、近郊を描いた貴重な図屏風で、そこに描かれたのが3代目寛永度天守閣と言われている。制作年代については諸説ある。市街地を描いた左隻と、近郊を描いた右隻から成るが、これは左隻の天守閣部分を拡大したもの（国立歴史民俗博物館所蔵）

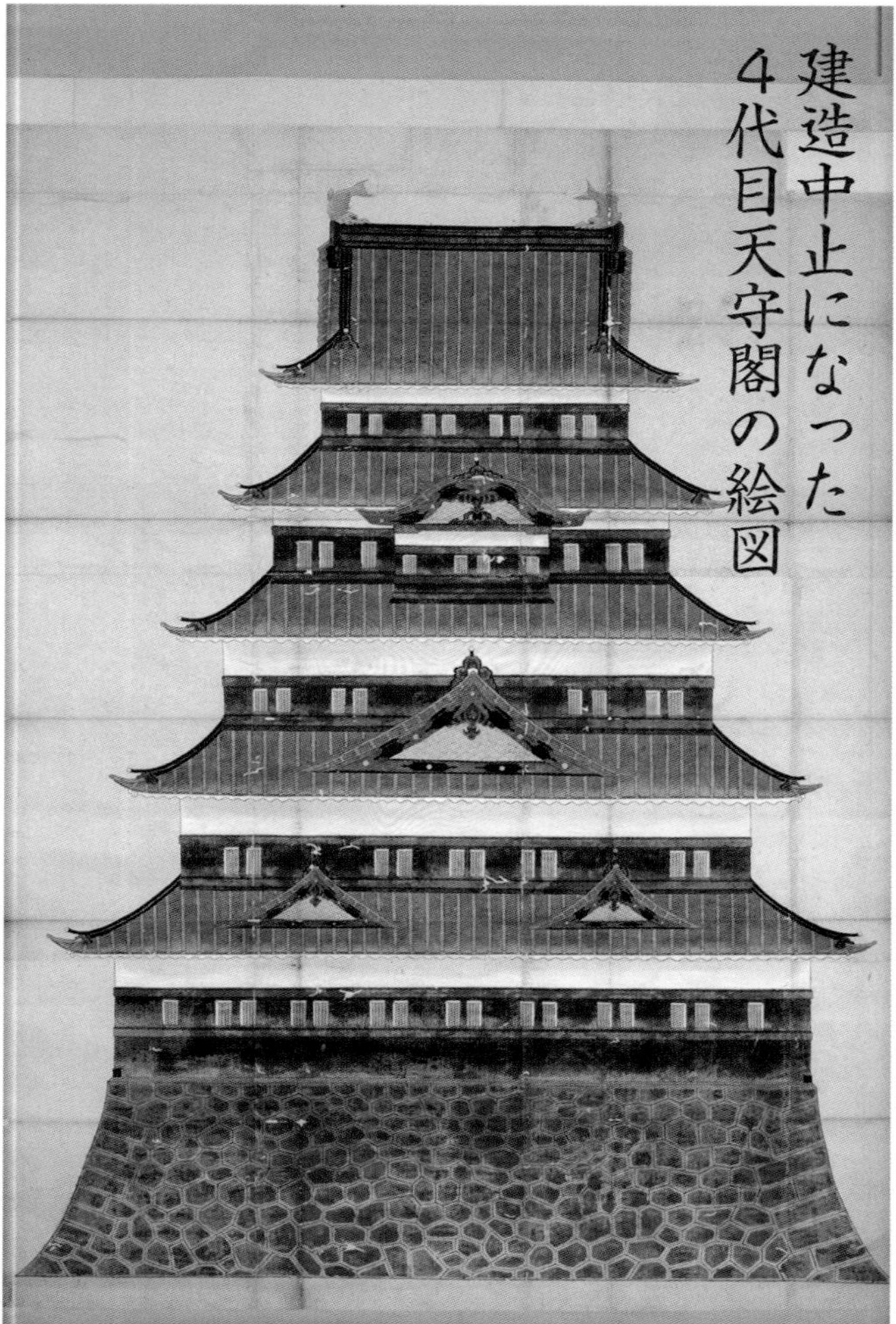

３代目天守閣焼失後の正徳２年（1712）再建計画の際に描かれた「４代目天守閣」。保科正之の決断によって再建は断念され幻となった。（「江戸御城御殿守正面之絵図」東京都立中央図書館　特別文庫室所蔵）

復元された
江戸城天守閣ＣＧ

寛永度天守閣資料をもとに復元された天守閣を千鳥ヶ淵方面のビルから見た景色をシミュレーションしたＣＧ。大手町のビル群を背景に建つ堂々たる雄姿である
●ＣＧ制作／㈱久米設計

ライトアップされた江戸城天守閣

国会議事堂方面から見た復元天守閣、格調高く東京の夜景を彩る
●ＣＧ制作／(株)久米設計

始動！ 江戸城天守閣再建計画

松沢成文

ワニブックス
|PLUS|新書

表紙＝江戸城寛永度天守閣復元正面図
（復元、作図／中村泰朗・野中絢　監修／三浦正幸）

はじめに

世はまさに「城ブーム」である。「姫路城の大改修」「天空の城、竹田城跡」「名古屋城天守閣の木造再建構想」などなど話題も尽きないが、日本国中どこの城にもかつてないほど多くの観光客が訪れている。

以前は「お城ファン」といえば中高年の男性が中心だったが、最近では「歴女」「城ガール」と呼ばれる若い女性と「サムライ」「ニンジャ」に興味を持つ外国人観光客が急増している。城を訪れることによって、日本の歴史、伝統、文化、精神などを感じてもらえるなら素晴らしいことだ。

NHKの大河ドラマも元気がいい。平成25年（2013）の「八重の桜」あたりから「軍師官兵衛」「花燃ゆ」と続き、「真田丸」は絶好調！　続く「おんな城主 直虎」「西郷《せご》どん」にも期待したい。

人気大河ドラマの主要な舞台となっているのが「城」だ。同じ歴史的建造物である

「神社仏閣」が祈りの場所であるのに対し、「城」は闘いの場所であり、統治と離反による激しい人間ドラマが繰り返された場所である。だからこそ、劇的で面白いストーリーが創られ大河ドラマの復調につながっているのではないだろうか。

日本の城郭には何とも言えない独特の魅力がある。縄張り（設計）、堀、石垣、門、櫓《やぐら》、曲輪《くるわ》、そして天守閣。それぞれの城が、実用的で、かつ美しく、そして荘厳に造り上げられている。その多様な雄姿が多くの人々を魅了する。城を中心とした城下町の形成などにも興味は尽きない。

日本が誇る中世から近世にかけての城郭建築文化の最高峰に位置づけられるのが、「江戸城寛永度天守閣」だと言われている。

私はこの江戸城、つまり皇居の内堀の周りをジョギングするのが大好きだ。平均すると月に1回は老若男女のジョガーに交じって汗を流している。走りながらいつも東御苑を見つめて、もしここに天守閣がそびえ立っていたらどんなに素晴らしいかと想像するのが楽しい。大手町の高層ビル群をバックに光り輝く天守閣。お堀越しに石垣の上にそびえる雄大な天守閣。都心の人々の動きや街の姿を見下ろす天守閣……。巨大都市東京の象徴として、その荘厳な雄姿を思い浮かべるだけで興奮する。多くのジョガーたちもそれが実現したら喜ぶに違いない。

今はなきこの至宝と言うべき傑作を、現代に甦らせることはできないものか？　それが実現できたらどんなに素晴らしいことか？

こんな純粋で単純な発想で、私が江戸城天守閣復元運動に加わってから、早いもので5年の歳月が流れる。この間私は自分なりに情報を集め、数多くの城を訪ね研究を続けてきた。平成26年（２０１４）２月にはその成果をまとめ『甦れ！　江戸城天守閣』（ヨシモトブックス）を上梓した。

それから3年近くが過ぎた。東京五輪開催がいよいよ近づくにつれ、新たな東京の街づくりへの動きは急激に加速している。世界にアピールできる東京の魅力をどう創るのかという議論も深まり具体化しつつある。

築地市場の豊洲移転問題をどうするのか、新国立競技場やその他の五輪会場施設は費用対効果のバランスはとれるのか、湾岸エリアにＩＲ（カジノを含めた統合型リゾート）誘致はできるのか？

こうした議論が毎日メディアを騒がせているが、何か物足りない。東京の魅力を創り再生させるにはこの都市の歴史、文化に根ざした重みのあるプロジェクトが必要ではないだろうか。それこそが「江戸城天守閣再建」なのである。

東京のど真ん中にある江戸城、東京の最も大きな象徴であるべき「失われた天守閣」復興へのムーブメントが今こそ求められている。

私の「夢」はいよいよ始動に向かって加速している。

だからこそ、あらためて「江戸城天守閣再建」についてより多くの人たちに訴えたい。

本書はそんな思いをこめて、前著の内容に新たな取材、調査研究、推進活動の情報を大幅に加筆し、より手にとりやすい新書として改めて書き上げたものだ。

江戸城天守閣の再建――それは、単に「重要な建築文化財は維持管理し守るもの」という固定観念から脱し、「貴重で価値のあるものは衆知を集めて復元を試みるべきもの」として取り組む挑戦である。

機は熟した！　さあ「江戸城天守閣再建計画」を始動しよう。

目次

第1章　東京の空に江戸城天守閣を！

第2章　江戸のお城と町を知ろう

第3章　幻の江戸城天守閣

第4章　こうすれば天守閣は復元できる！

第5章　東京丸ごとテーマパーク構想

第6章　これが甦った江戸城天守閣の実像だ

第1章

東京の空に江戸城天守閣を！

「日本橋、富士山、江戸城」が江戸の3点セット

江戸城天守閣の復元を目指す目的は、大きく4つあると考えている。

第1は、日本の価値ある歴史・伝統・文化を再発見、再評価することによって、日本人のアイデンティティーを確立し、日本再生を目指すことだ。

第2に、日本が世界に誇る精巧で美しく荘厳な木造建築技術を再生し、将来に向けて継承することである。

そして第3に、再建する江戸城天守閣を観光立国日本のシンボルとして、天守閣を中心に首都圏観光のネットワーク化を図り、観光産業を振興して経済の成長戦略につなげることだ。

さらに加えて、第4の目的として、江戸城天守閣復元を公共機関が税金によって行うのではなく、民間事業者が民間資金を活用し、国民の参加のもとに公共機関と連携しながら実現する、つまり、新しい時代の公共事業を創造することである。それはまた、都民の自治の気概を高め、各地に波及するなかで新しい地域創生の機運につながることに

【お江戸の名物3点セット】

日本橋、富士山、江戸城の「3点セット」が描かれた歌川広重「日本橋雪晴」。右上に小さく見えるのが江戸城　（国立国会図書館所蔵）

もなると思うのだ。

平成24年（2012）のことである。私は『江戸東京博物館』で開催された「日本橋　描かれたランドマークの400年」展を訪れた。東海道や中山道、奥州街道など江戸時代の諸街道の起点だった日本橋にまつわる新旧の文化遺産を一堂に集めた貴重な展示会である。

会場は、博物館のメイン展示ルーム。博物館内部に復元されている柔らかなカーブを描いた太鼓橋風の旧日本橋を渡って展示ルームに入ると、各種の絵画や写真、江戸時代の東京を復元した模型などが、広い室内を埋め尽くすように所狭しと並んでいる。

なかでも数多かったのは、江戸時代の絵画（版画も含む）だった。その多くは浮世絵だったが、それ以外にも蘭画（江戸時代の洋画）や狩野派の水墨画など、各派各様の画風で描かれている。「富嶽三十六景　江戸日本橋」をはじめとする葛飾北斎の浮世絵風景画や「東海道五拾三次之内　日本橋　朝之景」など歌川広重の作品もあり、存分に目の保養をすることができた。

こうしてたくさんの江戸絵画を鑑賞しているうちに、ふと、私は妙なことに気づいてしまった。

描いた画家は異なるのに、きわめて似た絵柄（構図）の作品が多数展示されていたのである。日本橋、富士山、そして江戸城という3つの題材を1枚の絵のなかに描き込んだ作品群であった。

なかには、構図的にはやや無理があると思えるのに、江戸城をちょっと動かし、富士山にもちょっと動いてもらい、強引に日本橋、富士山、江戸城を1枚の絵のなかに収めた作品まである。とりわけ、浮世絵にそうした作品が多かった。

江戸絵画の代表と言えば何と言っても浮世絵である。今や世界に誇る芸術作品として評価されている浮世絵だが、江戸時代には、ブロマイドのような感覚で受け入れられていた。たとえば吉原の遊女を描いた美人画や江戸歌舞伎の役者絵などは、遊郭や芝居小屋の経営者の注文で制作した宣伝用ブロマイドだったということが珍しくはない。北斎や広重の描いた各地の風景画も、実際に旅することが難しい人々がその代わりとして楽しむ観光ブロマイドだったといって過言ではないだろう。

ブロマイドとしての浮世絵は、江戸土産としても人気があった。当時の江戸には、参勤交代の大名のお供をしてきた勤番侍《きんばんざむらい》や、商用で江戸に滞在する商人など、各地から多数の人々が訪れていたが、そうした人々が国元に帰るときに美人画や役者絵を買い求め、

「ほら、これが華のお江戸だよ」

と、留守を預かっていた家族へのお土産にしたのである。現在なら、スカイツリーを訪ねた観光客がその絵葉書を買って帰るのと同じ感覚だろう。

もちろん、美人画や役者絵だけではない。当時の江戸は１００万人以上の人口を有する世界最大の都市であり、その繁華なたたずまいは、それ自体が当時の人々の好奇心と憧れの的であった。江戸の町を描いた浮世絵風景画も絶大な人気を誇り、江戸土産として尊ばれた。

そうした江戸土産の1枚に日本橋、富士山、江戸城が集約されていたということは、つまり、日本橋、富士山、そして江戸城は、当時の人々が抱く江戸の町のイメージの代表だったということになる。日本橋と富士山、そして江戸城がそろっていないと、当時の人々は江戸の風景だとは納得しなかったのだ。

要するに、これが「江戸風景画の３点セット」だったということなのである。だからこそ、複数の画家によって何枚もの「江戸風景の３点セット」が描かれ続けた。日本橋、富士山、そして江戸城は、江戸の町のシンボルだったのである。

「画竜点睛」の「睛」が江戸城天守閣だ

「画竜点睛《がりょうてんせい》を欠く」という言葉がある。絵に描いた竜に一カ所だけ描き足りないものがあり、つまりは竜の黒目が描かれていないため、絵としては完成していないというような意味である。転じて、「もう一歩なのに、惜しいなあ」というような意味でも用いられる。

実は、この「江戸風景の３点セット」にも画竜点睛を欠く憾《うら》みがある。というのは、江戸時代の画家によって描かれた江戸城には、天守閣が欠けているからである。

これは画家の怠慢ではない。実際に天守閣が存在しなかったのである。しかし、最初は、間違いなく存在した。最初とは、江戸時代の初期である。ところが、明暦３年（１

657）の明暦の大火によって、天守閣が焼失してしまった。焼失後、再建が計画され、基礎工事に着工はしたのだが、

「全焼してしまった江戸の町の再建が優先。天守閣の再建は後々のことにすべし」

という時の将軍後見役・保科正之《ほしなまさゆき》（会津松平家初代藩主・3代将軍家光の異母弟）の決断によって再建工事は中断され、その後も幕府財政の悪化によって延期に次ぐ延期になり、とうとう天守閣は再建されないまま明治維新を迎えてしまったのである。

江戸の庶民の生活を優先させた保科正之の決断は尊敬に値するが、その結果、「江戸風景3点セット」には江戸城天守閣が含まれないという「点睛を欠く」状況が生まれてしまったのである。

本丸や二の丸、西の丸などの華麗な複合城郭のなかで、ひときわ高くそびえ立ち、天をあざやかに切り裂いている5層6階の高層天守閣。それが描かれていれば、まさに「画竜」に「点」が「睛」されたと言えるのではないか。本当に惜しい。歴代の徳川将軍が日光東照宮への参拝をもう少し手控え、あるいは大奥予算をもう少し減らし、そこで浮いた予算で天守閣の再建をしていたらなあ……と愚痴りたくなるのは私だけではな

いだろう。

とはいえ、歴史は改変できない。「たら」「れば」は、歴史学のタブーである。だが、新しく歴史をつくることはできる。徳川氏があきらめた天守閣の再建を、現代に生きる我々が引き継ぐことはできるのだ。

実は、江戸城には３つの天守閣があった。慶長12年（１６０７）に大御所・徳川家康（初代将軍）が完成させた慶長度天守閣、元和《げんな》９年（１６２３）に２代将軍・秀忠が造営した元和度天守閣、そして、寛永15年（１６３８）に３代将軍・家光が建立した寛永度天守閣の３つである。それぞれの天守閣に関する資料は多かれ少なかれ残っているが、なかでも最後の寛永度天守閣は設計図（建地割図《たてちわりず》）や絵図面が豊富に残り、専門家による解明が進んでいる。

寛永度天守閣であれば、再建は――いや、今や歴史的建造物だから復元と言うべきだろうが、決して不可能ではないのだ。

この「江戸城天守閣の復元」こそが、かねてより私の夢であり、持論だった。そろそろ、その夢の実現に向けて走り出してもいいのではないか。そして、その復元のための運動を巻き起こし、復元成った天守閣そのものを起爆剤として東京を再生すべきではないか。そう考えるようになったのは今から5年ほど前のことである。

それ以来具体的に調査、研究などの活動を始め、約3年前に『蘇れ！　江戸城天守閣』を上梓するに至ったのだ。

名古屋市長による天守閣建て替え計画進行中

その翌年、平成27年（2015）6月に名古屋の河村たかし市長が驚くべき構想を打ち出した。

「東京五輪大会までに、名古屋城天守閣を木造に建て替える！」と明言して、市議会に調査費計上を提案したのである。

名古屋城はそれ以前から本丸御殿の復元工事が進んでいたが、老朽化で耐震工事が求められる天守閣について、

①29億円かけて耐震改修して40年間延命するが経済効果はゼロ

②２７０億～４００億円かけて木造で復元し、４００年間維持して経済効果を毎年１０００億円生み出す

どちらの選択が名古屋の活性化に資するかを市民に問いかけ、木造で建て替える、との方針を打ち出したのだ。

私はさっそく衆議院議員時代からの旧友である河村市長を直撃して、その真意を質すために市長室を訪問した。平成28年（２０１６）２月のことだ。

河村市長は開口一番、自信たっぷりに宣言した。

「江戸城より名古屋城の方が先に実現するよ！」

確かに宮内庁が管轄する江戸城の皇居東御苑とは違い、名古屋城は名古屋市が所有しているから東京よりも話が早いということだ。

それに加えて名古屋城には「昭和実測図」があることも自信の源らしい。

「天守閣が空襲で炎上する13年ほど前の昭和７年（１９３２）から、名古屋市は文部省の指導を受けて城の細部の計測や拓本作成を行った。この寸分違わぬ正確な図面があるから、天守閣は木造で完全復元ができるんですよ」

文化庁の復元許可や建築基準法の例外規定を受けるには、この「昭和実測図」の存在が大きな味方であることは疑いない事実なのだ。

次に、資金計画について尋ねてみると意外な構想が明らかになった。本丸御殿のように民間からの寄付金を重視するのかと思いきや……。

「寄付や税金に頼らず起債でやります。『観光その他事業債』というのがあって、100%起債で事業ができる（普通の起債は80%まで）。だから特別会計をつくって全部この市債発行で賄います。

仮に入場料を500円徴収できれば、年間400万人の入場者があるとして20億円。400億円の建設費を20年で返済できる計算も成り立つ。債券は民間に買ってもらい、返済も入場料収入で償還する。税金はいっさい使わないということですよ」

このユニークな計画に、私はなるほどと頷いた。地方公共団体の起債も、民間からの寄付や金融機関からの融資と同じように税金を全く使わずに実現できる。総事業費や入場者数の想定次第で返済計画も変動するが、きわめて斬新な発想だ。

この構想を実現するために市内16の行政区でタウンミーティングを開催し、市長自ら構想を説明して市民と直接意見交換をしたそうだ。

「賛成６～７割、反対３～４割というところかな。税金を使わずに実行する、と説得すると賛成が増えるね。反対ではないがあまり急がんでいい、という意見もあるけどね」

それにしても、市長の行動力には脱帽である。

この説明会の後に２万人市民アンケートを実施して、市民の総意を把握。結果は、賛成が６割超と過半数を上回る賛同を得た。

具体的には「名古屋城天守閣の整備」について、「（東京五輪開催の）２０２０年７月までに優秀提案による木造復元を行う」が21・５％、「２０２０年７月にとらわれず木造復元を行う」が最多の40・６％と、合計62・１％の市民が賛同。否定的な立場の「現天守閣の耐震改修工事を行う」は26・３％で、「その他」６・２％、「無回答」５・４％という割合である。あわせて、天守閣整備の進め方についても、およそ８割の市民がこれを認知していると回答。整備へ向けての課題や、民間事業者からの技術提案の内容についても８割近くが理解しており、ここでも河村市長の前向きで真摯な情報公開が成果を挙げていることが見てとれる。

これらの民意の収集と同時並行で、名古屋市は民間企業からの事業提案を募った。技術提案・交渉方式による公募型プロポーザル入札で、事業費、工程計画、施設計画を提出させ、審査委員会が採点して事業者を選択する。その結果、竹中工務店が指名され、現在名古屋市と竣工時期などの調整に向けて交渉中とのことだ。

今後もまだまだ越えなければならないハードルはある。たとえば、市議会との議論で賛同が得られるか？　あるいは、国指定の特別史跡の現状変更に文化庁の許可が得られるのか？　そう危惧していた矢先、河村市長は平成28年（２０１６）６月、東京五輪に合わせての早期実現は断念すると発表。が、前記アンケートの結果を踏まえた木造復元についての具体的議論は、いよいよ加速しており、先日めでたく県との共催が決まった２０２６年アジア大会や、２０２７年のリニア中央新幹線開業に合わせて実現する可能性は高い。

市長自身も「ちょっと長引くけれど、みんな元気に長生きしよう」と前向きにとらえ、いよいよ意気軒高だ。この名古屋城天守閣の再建が成就すれば、江戸城はじめ全国の天守閣再建運動に大きな影響を与えることは間違いない。

「尾張名古屋は城でもつ」と謳われた天下の名城が木造で見事に復元されれば、日本の城郭文化再生に向けて大きなインパクトを与えることになろう。

これは、私たちが目指す江戸城天守閣復元の大きな起爆剤にもなるに違いない。そうした観点からも、河村市長の奮闘には大いに期待したい。

しかし名古屋に負けてはいられない。

歴史の中に眠る偉大な知恵と教訓

そもそも、なぜ政治家である私が「江戸城天守閣の復元」という、畑違いの夢を持つようになったのか。その理由を、きちんと書いておきたいと思う。「天守閣復元＝新たなハコモノ＝喜ぶのは政治家と業者だけ＝残るのは負のレガシーばかり」との、いらぬ誤解を招かないためにも、この点ははっきりさせておく必要がある。

私は根っからの歴史大好き人間である。江戸城天守閣を復元したい、そう願うようになったのも、ひとつにはそうした歴史好きが高じての想いがあったのは間違いない。

子供の頃から歴史に興味があり、歴史を学ぶことが大好きだった。政治の道を志してからは、意識的に歴史を学ぶようになった。

いや、歴史を、ではない。歴史に、である。歴史は知恵の宝庫だからだ。そのなかには、数多くの先人たちの血と汗の記録が眠っている。それに学び、そこに秘められている知恵をくみ取れば、自分の人生をより充実させ、明日のふるさとや未来の日本をつくっていくための足掛かりを手にすることができる。

かつて古代ギリシャの哲学者アリストテレスは幼い教え子、つまりの後のアレキサンダー大王に、

「哲学は学問の王者だが、歴史が王者の学問だ」

と教え諭したそうだ。歴史のなかに眠っている知恵に学ぶことこそ、偉大な王者になるための最善の方法だということを、アリストテレスは教えたのである。

他にも多くの先達が、歴史のなかに潜む知恵と教訓をくみ取ることの大切さを語っている。

たとえば、『法の精神』の著者としてあまりに名高いモンテスキューは、こう語った

そうだ。

「歴史を学び、そこから歴史発展の理論的モデルを抽出し、それを現代に当てはめることはきわめて重要なことである」

また、20世紀の両大戦間において現代歴史学の礎を築いたイギリスのE・H・カーも「歴史とは現在と過去との間の尽きることを知らぬ対話」であると述べ、近年では日本でもベストセラーになった『文明の衝突』の著者であるハンチントンも、次のように書いている。

「歴史的に醸成されてきた文化を知ることは（自己の）アイデンティティーの源泉である」

さらに明治期の思想家、岡倉天心も『東京の理想』の中でこう述べている。

「われわれは、われわれの歴史の中にわれわれの未来の秘密が横たわっているということを本能的に知る」

どれも含蓄のある言葉だ。歴史を（歴史に）学ぶということは、過去に起こった出来事を拾い集めた年表を覚えることではない。歴史の流れ、その流れの方向や強さ、大きさ、性格をつかもうとすることが重要であり、それらを見る目を養うことで、今を読み、明日を見る目が育つ。自らの未来を描いていく知恵は、過去の歴史を学ぶことによってこそ産まれることを忘れてはならないだろう。

そうすることで初めて、私たちの思考のなかに、過去、現在、未来をつなぐ連続性が認識され、日本人としてのアイデンティティーが取り戻される。アイデンティティーとは、自分を自分と認識できること、自分たちを自分たちと認識できることというような意味である。それが認識できれば、まず家族を、ついで郷土《ふるさと》を、さらには日本を愛する心が育ち、社会性や公共心が涵養《かんよう》され、少しでもよい未来を形成するための努力をする人が増えてくる。

現代日本の原風景は江戸時代にある

が、歴史を学ぶ際に陥りやすい困った錯覚がある。ある特定の時点で歴史の流れがスパッと切断され、一気かつ全面的に次の時代へ転換すると錯覚してしまうことである。

たとえば慶応3年（1867）の大政奉還によって明治維新が成就した瞬間、わが国は一気かつ全面的に新しい時代に突入し、それ以前の時代とは切り離されてしまったように錯覚してしまう。年表の暗記を中心に歴史を表面だけで学んできた人が陥りやすい錯覚である。

いや、現代に生きる私たちだけではない。その時点に生きていた日本人の多くも錯覚した。明治６年（１８７３）にいわゆる廃城令が発布されるや、「こんな過去の遺物、新しい時代には不要だ」とばかりに、全国各地に残っていた城郭のほとんどを破壊し、薪にしてしまった。

城郭だけではない。仏像も同じく薪にされることが少なくなかった。廃仏毀釈《はいぶつきしゃく》運動の結果である。それまで毎日のように拝んでいた仏像を薪にし、その薪で風呂を沸かして「ああ、仏湯じゃ、極楽、極楽」と悦に入った僧侶すら実在した。これは本当の話である。

さらに、優れた文化財である絵画や工芸品も、「こんな旧時代の古臭い物は、もういらん」と、二束三文で売り飛ばされた。その売り飛ばされた作品を丹念に買い集め、海の向こうに持ち出して世界に紹介したのが、たとえばお雇い外国人のフェノロサである。

フェノロサが紹介した日本の芸術作品が海外で大評判となって日本ブームが巻き起こ

り、それが日本に伝わって、「あ、そんなに素晴らしいものだったのか」と驚き、慌てて文化財の保護に走った。だが、その時点では実に多くの得難い芸術作品、文化財が海外に流出し、その多くは今も日本に戻っていない。

すべて、ある瞬間を境に、過去は自分と無縁の存在になってしまったと錯覚するところから生まれた悲喜劇である。

こんな馬鹿な話はない。歴史は連鎖しているのである。大きな歴史的転換があった場合でも、前の時代の文化や伝統、生活習慣などは確実に生き残り、その生き残った土壌を養分として新しい文化や伝統、生活習慣などが生育していくのである。こうした文化的、歴史的な伝承を幾重にも積み重ねることによって、今日の日本は成り立っている。今日の私たちも成り立っているのである。

そう考えてみると、江戸時代という時代は実に重い。今、私たちが、「これこそ日本である」と意識している「風景」の多くは、江戸時代にその根を持っている。現代日本の原風景は、江戸時代にあったのだ。

たとえば、儒学を基盤に成り立った武士道である。武士道は武士の発生とともに成立した道徳（倫理）なのではない。江戸時代に意識的、政策的につくられた道徳であり、倫理なのである。つくらせたのは徳川家康であった。

復元天守閣が「江戸」と「ＴＯＫＹＯ」をつなぐ

戦国時代の武士の荒々しい気風は江戸時代にも持ち込まれた。たとえば江戸時代の初期、江戸の町には辻斬りが多かった。金品を奪うための辻斬りだけではない。刀の斬れ味を実際に試してみるための辻斬りもあった。後には儒教倫理の塊のようになった水戸黄門様も、若い頃には江戸屋敷を抜け出し、町で辻斬りをしていたものだと伝えられている。

こんな状態では徳川家康が祈念していた「パックス・トクガワーナ」（徳川政権による平和）など、実現するわけはない。そこで家康が目をつけたのが儒学（儒教）であった。

具体的には林羅山《はやしらざん》を採用し、後には林家３代の信篤を大学頭《だいがくのかみ》に据え、大名や旗本たちに儒学・儒教を教授させたのである。それだけではない。林羅山が育てた弟子たちを次々と儒官《じゅかん》として各地の大名家に送り込んだ。それまでは主として臨済宗の寺院で教育・研究されていただけだった儒学を日本全国に広めていったのである。

ただし、本場中国の儒学をそのまま広めたのではない。たとえば、中国では「孝」を最高の徳目としていたが、日本では「忠」を最高の徳目とした。そうしたなか、日本特有の道徳、倫理としての武士道が確立されていったのである。

城の場合も同じである。城は古代から存在し、戦国時代には戦闘の舞台になったと思われているが、今日の私たちが認識する城のほとんどは、実は、江戸時代に入ってから新築、あるいは改築されたものなのである。その代表が非戦を象徴する「偃武《えんぶ》の城」「平和の城」としての江戸城である。

このように江戸城の背後には、さまざまな歴史、伝統や文化が隠されており、その天守閣の復元が東京のみならず、日本の歴史、伝統、文化の復興につながっていくことは間違いない。

江戸城天守閣が存在した17世紀の初めは、日本の歴史のなかで中世から近世への大転換期であった。言い換えるなら、戦国末期から平和の時代への移行期である。戦国末期から江戸時代初期にかけてのこの時代には、全国各地域で国づくり、今で言う公共事業や新田開発が進み、鉄砲の発達に見られるように技術革新も目覚ましかった。また、市場経済や交通網・流通網の整備で国民生活も豊かになり、文化的にも寺社や城郭建築、障壁画の多くの傑作や、茶の湯の大成などがあった。

私は、神奈川県知事を務めているとき、日本で初めて県立高校で日本史の授業を必修化する方針を打ち出し、それを実現することができた。歴史を学ぶことによって、日本の伝統や文化の素晴らしさを認識し、日本人としてのアイデンティティーの醸成につながると考えたからである。

復元された江戸城天守閣は、まさに生きた歴史教材となるのではないだろうか。日々、天空高くそびえる壮大な天守閣を眺めて生活することは、私たちに、歴史の重み、歴史のゆかしい香りを伝えてくれる。その結果、これまで営々と積み上げられてきた日本の歴史とつながっていることが、理屈ではなく心で実感できるようになる。

東京の町には、江戸時代から連綿とつながる歴史があるということ、そして、その歴史、伝統、文化の上に私たちが活かされていることを感じるようになる。そして、私たちの心のなかに過去、現在、未来をつなぐ絆が育まれ、東京に暮らす人間としての郷土愛や愛国心が取り戻されるはずだ。

世界最高の木造建築技術の復活と伝承へ

一方江戸城天守閣の復元は、木造建築技術を復活させ継承する機縁となり、日本が世界に誇る伝統的木造建築文化のタイムカプセルにもなる。

あまり知られていないことだが、古来、日本には非常に高度な木造建築技術が存在した。なにしろ、『日本書紀』に659年の創建とされている出雲大社には、48メートルの高さの木造建築物があったと記されている。

48メートルというと、現代なら17階建てほどのマンションに匹敵する高さだから、これは古代人特有のおおげさな表現だろうと長く疑いの目で見られていた。だが、平成12年(2000)に出雲大社の境内から長大な柱が発掘され、建築史学や地質学などの知識を応用してその高さを測定したところ、48メートルという記述が真実であったことが証明された。

確かに『日本書紀』の年号には多少アバウトなところはあるが、遅くとも7世紀には48メートルもの木造建築物が建造されていたことは疑いない。7世紀である。当時、世界最高水準の木造建築技術を持っていたと表現しても過言ではないだろう。

いや、その当時だけではない。その後も世界最高の木造建築技術を保ち続けた。

その証拠に、平安中期に成立した子供のための学習書である『口遊《くちずさみ》』には、「雲太、和二、京三」という言葉が載っている。

ここにある「雲」は出雲、「和」は大和、「京」は京都である。「太」は、太郎が長男を意味するように、1番目という意味になる。つまり、出雲が1番、大和が2番、京都が3番というのが「雲太、和二、京三」の意味することである。

とはいっても、これではまだなんのことかわからないだろうから、解説させてもらうと、我が国には高い建造物が多く、その第1が出雲国の出雲大社、第2が大和国の東大寺大仏殿、第3が京の御所の大極殿《だいごくでん》ということである。

もちろん、高層木造建造物は、この3つだけではない。当時、すでに国分寺や国分尼寺などが建造されていたのだから、「雲太、和二、京三」には及ばないものの、各地にそれに準じる高層木造建造物があったに違いない。

高いだけが偉いのではない。平安時代には公家の寝殿造りが完成され、鎌倉時代には武家の武家造りが発達し、室町時代には金閣や銀閣に代表される書院造りが誕生するというように、美的側面からも我が国の木造建築技術は世界最高の水準を保ち続けてきた。その木造建築を担ってきたのが宮大工と呼ばれる建築技術者の集団であった。

世界文化遺産も夢じゃない

ところが今、それらの素晴らしい技術が途絶えようとしている。

宮大工という仕事は京都や奈良などの歴史的建造物がある土地でしか成り立っていないと言う。つまり、その仕事の大部分は修理・改築であり、本格的な新築など一生に一度、経験できるかどうかという状況らしい。

そのため、宮大工は後継者不足に悩み、後継者がいても経験を通じて技術を伝承する機会が乏しく、古来わが国に伝えられてきた世界最高の木造建築技術や石造技術は絶滅の危機にさらされようとしている。

全国各地で復元されている城郭にしても、鉄筋コンクリートで復元された城郭が少なくない。伝統的な素材や技術で復元されたものは稀である。宮大工だけではなく、石材職人、瓦を焼く職人、瓦を葺く職人、土壁を塗る左官職なども伝統技術が消滅しかねない。

奇しくも、２０２０年東京オリンピックのメイン会場になる新国立競技場の新しいプランは、最終選考においてＡ・Ｂ案ともに伝統建築を思わせる大規模木造建築技術を援用してはいるものだったが、それ自体ごく稀なことだろう。

採用された建築家・隈研吾《くまけんご》氏らによるＡ案は、屋根やひさしにふんだんに木材を導入。「主な構造は木造ではないが、見た印象は木が主役。選手や観客を包み込む『木の殿堂』と感じてもらえるはずだ」と豪語する。惜しくも落選した伊東豊雄氏らによるＢ案でも、諏訪の御柱《おんばしら》や青森県の三内丸山遺跡を彷彿とさせる巨大列柱が印象的だった。しかしながら、まずはあれほどの木材を精密に加工し、耐久性をもって組み上げる技術が今日どれほど残っているか、はなはだ心もとない部分もある。

だからこそ、江戸城の天守閣を昔の設計図通りに、いにしえの建造技術で復元することが、将来に向けて大きな意味を持つ。この一大プロジェクトに、全国から宮大工、石材職人、瓦職人、左官職人などの有志に参加してもらい、匠の技を披露してもらおう。そして彼らが天守閣を建造する工事現場をすべて公開し、多くの皆さんに見学してもらおう。この現場で匠の技を来場者の目で直接確認してもらおう。そうすれば、こうした見学自体が最高の観光資源になるに違いない。

さらに、復元された江戸城天守閣を見学した人々のなかには、自分たちの街の城も同じ方法で復元しようと考える人も出てくるかもしれない。事実、近年は先ほど紹介した名古屋のようにいくつかの城下町で「鉄筋コンクリートで復元された現在の城を壊し、昔通りの木造にしようじゃないか」という声が高まっている。江戸城天守閣の復元は、そうした声を大きく高めていくきっかけにもなるのではないだろうか。

そして、木造で創建時と同じように完全復元できれば、将来的に重要文化財や国宝にも指定される可能性が高くなる。世界文化遺産に認定されることだって決して夢ではない。素晴らしいことではないか。

5層6階の天守閣は観光立国の目玉だ

伝統技術の伝承や文化的、精神的な波及効果だけではない。江戸城天守閣が復元されたら、経済的、観光的な波及効果も大きい。東京のど真ん中に5層6階の天守閣がそびえ立てば、間違いなく観光の目玉になる。

江戸城天守閣復元の可能性とその手立てを探るため、平成24年（2012）から28年（2016）にかけて、私は各地に、家康をはじめとする初期の徳川将軍ゆかりの城を訪ね歩く旅を試みたが、そこで興味深い光景を目撃した。それらの城には、実に多くの外国人観光客が訪れていたのである。

たとえば名古屋城では昔の武将の扮装をしたガイドの周りに外国人観光客が群がり、その説明に耳を傾けていた。後で確認したら、「名古屋おもてなし武将隊」と呼ばれる公式ガイドであった。髷《まげ》をつけ陣羽織や鎧などに身を固めた武将隊。そのなかには、

「我は徳川家康である」と名乗るガイドもいる。彼の場合は４００余年の眠りから覚めたばかりという設定になっているらしく、つい苦笑してしまったが、その口からは流暢な英語が飛び出し、多くの外国人観光客の耳目を集めていた。英語がペラペラの武将たちだったのである。

また、再建された多くの天守閣は歴史博物館になっている。その各階回廊には、いにしえの絵図や武具、日常用具などが陳列されており、そこにも多くの外国人観光客が群がっていた。

昨今、主として中国からの観光客の「爆買い」が大きな話題になっており、観光客の絶対数も増加している。政府観光局の発表によると平成28年（２０１６）に日本を訪れた外国人観光客は10月30日に２０００万人を突破、年末には２４００万人程度になると見られている。昨年の１９４７万人から激増し、過去最高を記録した。

こうした傾向はほんのここ１、２年のことだ。最大の要因はアベノミクス効果で為替が大幅に円安に振れたことであろうが、それ以前は寒々としたものだった。外国人観光客の訪問者数を国別で比較すると、日本は昨年16位、一昨年は22位という状況、今年の激増でランキングも多少上がるだろうが、それにしてもまだまだである。

イギリスの市場調査会社ユーロモニターが発表した、２０１４年の「都市別の観光客ランキングトップ１００」を見ても、1位は6年連続で香港（２７７７万人）、２位ロンドン（１７３８万人）、3位シンガポール（１７０９万人）、４位バンコク（１６２５万人）、５位パリ（１４９８万人）、そして東京は５９９万人、前年比28・８％と増えてはいるものの25位である。

数年で躍進したことは喜ばしいが、海外観光客増加の最大の要因が円安にあるならば、経済情勢によっていつまた減少に転じるかもしれない。事実、平成28年（２０１６）に入ってからは中国経済の急激な減速感もあり、いわゆる「爆買い」の需要は一段落。訪日客の減少もさることながら、購買の対象が以前の高級ブランドや家電品から、より安価な食品や生活雑貨へとシフトしていることが、国内での訪日外国人消費全体を押し下げる結果となっているようだ。

では、内外の経済事情に安易に左右されないようにするためには、どうしたらいいのか。今後も訪日外国人観光客の数を順調に増加させていくためには何をなすべきなのか。

試みに、インバウンド（外国人観光客到着数）が多いとされる国々が、どのような施策をとっているかを見てみよう。

国連の専門機関である世界観光機関（UNWTO）の国別順位上位常連国のうち、たとえばフランスでは国家機関である「フランス観光開発機構」が先頭に立って景勝などの格付けを積極的に行い、「ワインツーリズム」など伝統文化に根ざしたツアーを企画し、好評を得ている。また、歴史的に地域ごとの文化のバリエーションが豊富なスペインでは地方観光のプロモーションを行い、イタリアでも農村地帯への「アグリツーリスモ」によって衰退しつつある農業の活性化とスローライフを核にしたインバウンド獲得に取り組んでいる。

もちろん、各国ともビザ発給の迅速化やIC旅券への対応などハード面での革新に努めているのは当然だが、上位国が伝統や文化、歴史にかかわるソフト面での施策を重視しているのは見逃せない。そして、伝統や文化、歴史という点であれば、わが国にもこれを活かし、外国人観光客を引きつける素地は十二分にある。

リピーター観光客の目当ては「爆買い」ではない

平成27年（２０１５）年末の野村総合研究所の調査によると、日本を訪れた中国人観光客の約８割が再来日を希望していることがわかった。中国人に限らず再来日を希望する人は数多い。

初めての訪日なら「爆買い」に熱中し、あるいは、お仕着せの駆け足パック旅行でも満足するかもしれない。だが、２度目、３度目の訪日となると、もう一歩、踏み込んだ中身のある観光を求めるようになる。

事実、「次回の訪日の際にしたいことは？」という質問項目には、「和食を堪能したい」「温泉入浴を楽しみたい」「日本の自然、四季を体感したい」などの回答に並び、「より深く日本の歴史や文化に触れたい」という希望が多い。

現在の東京は、その要望に応えられているのだろうか。

もちろん、東京には素晴らしい観光資源や集客力のある観光施設もある。しかし、これらの施設には、残念ながら致命的な欠陥がある。つまり、歴史、伝統、文化の香りが欠けている。明治維新以降の東京を襲った災難が、それらの香りを消し去ってしまったのである。

東京の場合、ふたつの大災害とひとつの失敗によって町から歴史、伝統、文化の香りが薄らいでしまった。関東大震災と太平洋戦争末期の東京大空襲による破壊と火災、そして明治維新後の近代化や戦後の高度経済成長の間に実施されたかなり乱暴な都市開発である。

近代化の過程では、たとえば明治を代表する経世家の渋沢栄一翁が主導した帝都建設計画や、あるいは東京市第7代市長の後藤新平が行った関東大震災後における世界最大規模の復興計画（現在の放射・環状線、あるいは隅田川に架かる橋の多くがこのときに計画された）など、評価するべき点も多々あるものの、関東大震災と東京大空襲で多くの歴史的建造物が焼失。とりわけ、昭和39年（1964）の東京五輪を契機とした乱暴で無秩序な都市開発によって、東京の町を潤していた河川や運河が埋められ、暗渠《あんきょ》化されてしまった。

かつての江戸は河川や運河を巧みに結び合わせ、〝東洋のヴェニス〟と表現しても過言ではない水の都、水運の都だった。当時の面影は、江東区や墨田区という下町に今もわずかに残っているものの、往時に比べればまさに激変というしかない。

今や東京には、浅草寺などの例外を除けば、江戸時代以前の歴史的建造物はほとんど存在しない。大名屋敷や旗本・御家人の屋敷や組屋敷が軒を連ねていた武家屋敷街も残っていない。明治時代以降のゆかしい建造物にしても、関東大震災と東京大空襲、無秩序な都市開発によってほとんどが消滅してしまっている。

下町には所々に歴史の香りが漂っているのだが、パッと目につく看板に相当する歴史的建造物はほとんどないというのが実状である。残念ながら東京は、歴史、伝統、文化を感じられない町になってしまった。

これは住民にとっても味気ない話だが、このままでは外国人にとっても魅力はないだろう。だからこそ、東京観光の「看板」になり得る文化・伝統の香り高い歴史的建造物が必要なのである。その建造物こそが江戸城天守閣の復元であり、これを橋頭保に今や私たちの足もとに隠され、失われたかつての東京の姿を復興するという壮大なヴィジョンも議論されるべきだと、私は考えている。

事実、東京に来る外国人観光客が最も多く訪れる場所こそ皇居なのである。皇居とは、要するにかつての江戸城である。そこに天守閣がそびえ立っていたら、多くの外国人観光客の心を魅了するに違いない。

もちろん、復元された天守閣だけで東京の観光振興が実現できるとは思っていない。後述するように既存の観光スポットをさらに磨き上げ、新しい観光スポットを創り、それらを連結し統合する。つまり、ネットワーク化することで東京をワクワク、ドキドキが感じられるワンダーランドにしていく。そんな夢のある構想が、今こそ求められている。

観光客の増加は都市と国家の再生につながる

観光客が増えればホテルや飲食店、デパートなどが儲かるだけではない。サービス産業全体が活性化する。たとえば、居酒屋の客が増える。

実は、東京を（日本を）訪れる外国人観光客のひそかな楽しみのひとつが、居酒屋や回転寿司で食事を楽しむことなのである。観光ついでに日本の進んだ医療を受けたいという外国人も増えるだろう。波及効果は多角的である。

外国人観光客の誘致にこれほど力点をおくのは、実は、観光は最も裾野の広い産業だからである。

他の産業のように、物が動くのではない。人が動く。人は多種多様の欲求、欲望を持っている。そこで、人が動くところでは、多種多様な産業が発生し、発達し、潤う。衣食住はもちろん、文化や医療分野の産業まで潤う。外国人観光客が増えることで利益を上げるのはホテルや土産物店だけではないのである。

つまり、観光は「アンブレラ産業」の代表格である。アンブレラとは傘のことだが、傘の下にたくさんの業種と雇用機会をぶら下げている産業という意味で、本来は製造業に対して使われる言葉だ。ものづくりには、素材の調達から部品の生産、組み立て、仕上げなど、さまざまな企業・産業がかかわっている。

それと同じように観光も「行く（交通）」「泊まる」「食べる、飲む」「観る」「聞く」「学ぶ」「買う」「遊ぶ」など、実にさまざまな分野で広大な裾野を持ち、経済に大きな波及効果を及ぼす。

観光が最大の雇用創出効果を持つことはすでに世界の常識になっており、だからこそ、各国は観光振興に必死の努力を重ねている。日本の場合、政府もようやく気づいたようだが、必死さがまだ足りない。

このように、江戸城天守閣の復元は、経済的にも文化的にも精神的にも、そして技術的にも、さまざまな波及効果をもたらし、日本と東京の再生につながっていく。私はそう確信している。

江戸300年の平和の象徴が江戸城

これはあらためて触れるが、日本史において江戸に幕府が置かれた約260年余は対外的に一度も戦争をせず、国内でも島原の乱を除き大規模な戦乱（ある程度の規模の一揆や打ちこわしはあったが）はまったく起こらなかった。そこにはもちろん、士農工商の厳格な身分制度をもとにした封建的な支配があったのは確かだが、それを差し引いても３００年近い平和が続いた国というのは世界史上、他に例を見ることができない。

比較文学の芳賀徹氏をはじめとする一部の学者は、これを〝パックス・ロマーナ（ローマ帝国がもたらした平和）〟ならぬ〝パックス・トクガワーナ〟と呼んでいるが、まさにしかり。そして、その平和的統治のシンボルといえるのが、江戸時代前期まで現存した江戸城の天守閣、なかんずく寛永期のそれなのである。

戦国の世を名実ともに終わらせたのが徳川家康による元和偃武《げんなえんぶ》（戦争が終わり、世の中が治まること）である。それに続く2代・秀忠、３代・家光に至る数十年で盤石《ばんじゃく》の体制を築いた江戸幕府は、寛永期においてもはや〝武威〟をもって支配を誇示する段階を過ぎ、ゆるぎない〝権威〟をもって国内の平定を完成させるに至る。当然、その中心としての江戸城天守閣は、それまでの日本の城郭の常識を覆す「偃武の城」「政《まつりごと》の城」として建てられ、日々これを仰ぎ見る人々、ひいては日本国全体の統合の象徴となったのだった。

私が江戸城天守閣、とりわけ寛永期天守を復元したいと思ったきっかけは、まさにここにある。「城といえば戦いのためのもの」という常識を覆す、世界に類のない平和と統合のシンボルとしての江戸城を、21世紀における東京そして日本全体の精神的・文化的支柱に据えられたら――そんな想いが、政治家である私の背中を強く押すことになったのだ。

そしてまた、江戸城天守閣の復元は、それ自体が今に至る江戸・東京の街を生んだ〝天《てん》下普請《かぶしん》〟の大事業をあらためて認識することにもつながるだろう。私たちが住む、この世界的都市がどのようにして生まれ、発展してきたのか？　家康の入府以前、見渡す限りの湿地と入江ばかりだった江戸は、築城とともにその外周が埋め立てられ、そこに新たな運河が生まれ、町ができ、人々が集まることで成長してきた。

その意味で、江戸は日本ならではの〝城郭都市〟の典型であり、縦横にはりめぐらされ舟運を担った堀や運河は、現在も首都東京の幹線道路として活用されており、それ自体が〝水都〟としての名残であるのは周知の事実。そうした視点に立てば、江戸城天守閣の復元はプロジェクトの過程自体が、江戸～東京の発展プロセスを市民それぞれに再認識・追体験させるに違いない。

私がこの夢にかけるそもそもの理由は、こうした江戸・東京そして日本の価値ある歴史と伝統、都市文化を再発見、再評価したいという気持ちがきっかけだった。そして一方、政治的経済的な観点からも、このプロジェクトは現在そして未来の東京にきわめて大きい果実をもたらすものと考えている。

天守閣復元がＴＯＫＹＯの成長戦略になる

近年、国内各地の観光事業は、従来の幕の内弁当風「なんでもあり」「どこでも一緒」的開発から脱却し、自らの地域のシンボルとなる資源を積極活用する機運が高い。

たとえば、記憶に新しいところでは、関連収益１０００億円以上を挙げ、今また震災復興の牽引役ともなっている熊本県の「くまモン」をはじめとする地元のゆるキャラたち、あるいは〝天空の城〟として一躍注目を集め、年間の観光客が50万人を数えるに至った兵庫県の竹田城跡など一連の〝城ブーム〟。また、いわゆる名古屋メシになどに代表される〝地元メシ〟による集客は、いずれもこれまでの観光のあり方とは違う、新しいビジネスモデルを代表するものと言える。

こうした、いわば歴史・伝統・文化をシンボリックな資源を核とする観光の〝ブランディング〟は、ともすれば横並びがよしとされた、各自治体の担当者たちや市民の意識をも大きく変えつつある。どこへ行っても東京と同じような店、施設、サービスが当たり前だった時代から、「私たちの県」「私たちの町」「私たちの村」という意識変化は、これからもシンボルとなる資源をもとに、いよいよ強まっていくだろう。

とすれば、首都東京も負けてはいられない。

振り返れば、戦後とりわけ昭和39年（1964）の東京オリンピック以後、個々の建築において、また都市のつくり方において、東京の街は世界の趨勢の最先端のみを目指し、江戸から続く歴史と文化を切り捨て、土中深く埋めてしまうことのみに汲々としてはこなかっただろうか？

それにより、各種交通網の発展は生活をスピードアップさせ、最新流行のビル群はニューヨークにも負けないスタイリッシュな外観を獲得したが、それはしょせん表層部分のめまぐるしい〝新陳代謝〟の過程に過ぎなかった感もある。

その結果、人々の多くは、かつて江戸城に天守閣があったことを知らず、来日した外国人観光客からの「どうして、このお城にはタワーがないのか？」という疑問に答えられない。あるいは、自分たちの足もとの街や道路がかつて舟運に用いられ、今とはまったく異なる様相を見せていたことなど考えたこともない。数多い観光施設はと言えば、いずれも民間事業者や行政が主体となって建設・運営をしているため、自らも来場客の一人として訪れるばかり。皇居を除いて、少なくとも都民にとっての誇りやわが街のシンボルという感じではない。

だからこそ、の江戸城天守閣の復元である。

東京のど真ん中、それも皇居吹上御苑《ふきあげぎょえん》の隣に5層6階の天守閣が甦った風景は、それ自体が確実に観光の目玉になる。それも、やり方によれば、復元の過程自体が都民ひとりひとりの自治と創生の意識、すなわち郷土愛を高めることにつながる。まして、海外から年間１２００万人あまりの観光客が集まる首都東京である。政府が掲げる観光立国日本の最高のシンボルとして、新時代の成長戦略の牽引役となるはずだ。

歴史の専門家でもない、政治家の立場である私が、江戸城天守閣復元という夢に挑もうというのも、まさにこうした理由もあってのことなのである。

税金に頼らず民間の資金での木造復元を目指す

ただし、私は単に天守閣を復元できればそれでいい、と考えているわけではない。復元事業を進めるにあたっては、ふたつの原則が必須でなければならないと思っている。

まず、「残された図面通りの木造主体の完全復元を目指そう」ということである。

すでに鉄筋コンクリート造で復元された城郭をお持ちの城下町の方々には失礼な言い方になってしまうかもしれないが、鉄筋コンクリート造の天守閣の復元は、郷土の誇りを取り戻そうと敗戦後の復興のシンボルとして進められたという経緯がある。空襲を経験した人々が終戦後、地震や火事に強いコンクリート造の建物を望んだのは当然かもしれない。しかし、これでは、文化的、伝統技術的な価値はほとんど皆無である。

現在、全国各地で進む復元・再建運動の多くが木造主体の完全復元を目指しており、江戸城天守閣においても、もちろん、率先してそうすべきだ。

もうひとつは、「復元のための資金は税金に頼らず、民間からの資金で賄う」ということである。

これは天守閣の復元事業に限ったことではないが、為政者が勝手に判断し、大量の税金を投入して事業を行うというワンパターンのハコモノ行政はもうやめにした方がいい。事業の推進にあたっては、きちんと情報公開して、国民や都民、民間企業・団体の参加を促し、論議を尽くし、官民連携して事業化していく。

でなければ、東京の河川や運河を次々に埋め立て、あるいは暗渠化するという文明開化期や高度経済成長期の乱暴な開発手法が再発しかねない。そうならないためにも、民間は存分に口を出す。存分に口を出すのなら、その責任も分担し、行動する。これからは、そうした官民連携手法（ＰＰＰ＝パブリック・プライベート・パートナーシップ）を重んじるべきである。

その意味から、天守閣の復元にあたっては、国民にも民間企業・団体にも、応分の協力と参加をお願いしなければならない。金銭面の協力だけには限定されない。ボランティアによる労力や知恵の提供も、協力と参加の一部である。

第一、せっかくの歴史的事業を政治家や官僚の独断と偏見で左右されるなど、民主主義の世の中ではあってはならないことである。天守閣復元事業は、行政の指導と認可を得つつも官民連携で進め、その資金は公的資金に頼らず、民間主導のファイナンスで賄うべきである。

そう主張すると、

「そんなこと可能なのか。木造主体の完全復元も、復元のための資金をすべて民間主導で賄うというのも、いわば理想論だ。現実にそんなことが可能なのだろうか」

という疑問の声が聞こえてくるようである。

だが、はっきりと断言する。

「可能です。不可能ではありません」

なぜ断言できるのかといえば、自分の手と足と頭を使って、実現可能な構想を練ってきたからである。ときには各地を訪れて現地取材も試みた。その取材の様子や内容は、章を追って詳述していく。

私はこのプロジェクトを、日本人の衆知を集め、英知をもって決断し、官と民が協働して取り組めば決して不可能ではないと思っている。政治家には政策を立案・審議し、行政を動かす力はもちろんだが、それと同じくらい未来へのヴィジョンを掲げ、夢を語る資質が不可欠だ。歴史に学ぶ者として、そして何より郷土をこよなく愛する者として、この夢を実現すべく、読者の皆さんとともにさまざまな角度から考えていきたいと思う。

【皇居東御苑内に残る江戸城の遺構】

皇居東御苑は旧江戸城の本丸・二の丸・三の丸の一部を皇居附属庭園として整備されたもので，昭和43年（1968）から公開されている。現在も天守台、石垣、番所などが残り往事を偲ぶことができる。　（MAP制作／グレイル）

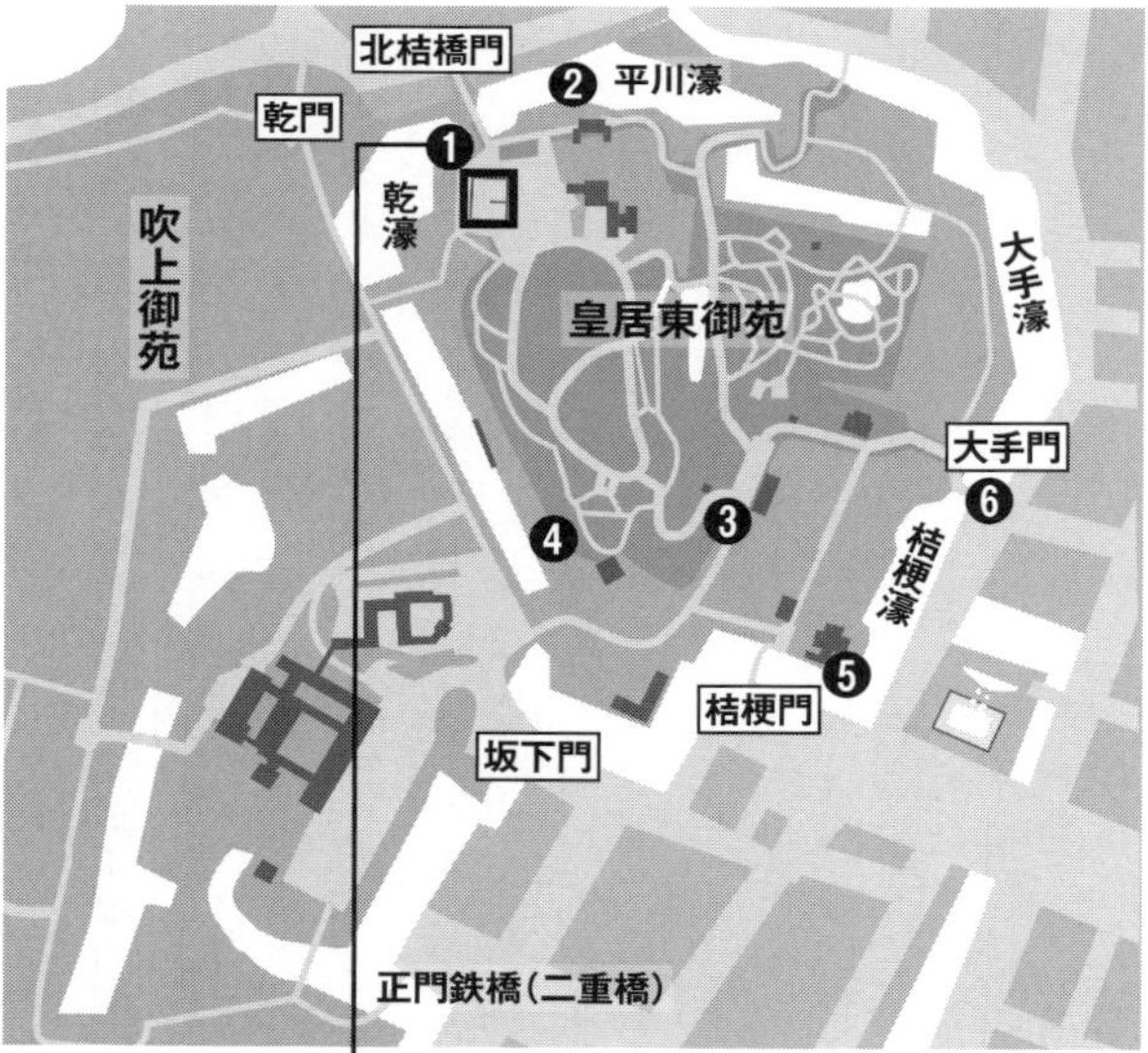

❶【天守台】　明暦3年（1657）の大火で焼失、翌年構築された天守台石垣。その後現在に至るまで、天守閣は再建されていない。

❸【中之門跡】

中之門の石垣は「切込接《きりこみはぎ》」という技法で積まれたもの。白い花崗岩は瀬戸内海沿岸から運ばれた。最大級の石は35トン。平成17年（2005）～19年（2007）の20ヶ月をかけて解体修復を行った。

❺【巽櫓】

桜田二十櫓とも呼ばれる。本丸から東南の方角＝辰巳の方角にあることが名の由来。関東大震災で倒壊したが復元された。時代劇の撮影で「江戸城」として登場することが多い。

❻【大手門】

江戸城の正門。現在は東御苑の入り口となっているが、かつて大名たちはこの門から登城し三の丸に入った。何度も火事で焼失したが、現在の形に再建されたのは元和6年（1620）。

❷【平川濠】

江戸城を取り囲む内濠、外濠は数多く残るが、見事な石垣の稜線がよく見える平川濠。濠をはさんで立ち並ぶ近代的なビルとのコントラストが美しい。

❹【富士見櫓】

現存唯一の三重櫓。天守閣焼失後は、この富士見櫓が天守閣の代用とされたと伝えられる。どの方向から見ても同じ形で「八方正面櫓」とも呼ばれた。

第2章

江戸のお城と町を知ろう

江戸城の起源は江戸重継の城館か

江戸城天守閣の復元を考えるにあたり、まずは江戸城がどういう経緯で造られたかを知り、さらに、その歴史のなかに潜む江戸および江戸城の地政学的な価値を知ることも必要だ。

ここでは、江戸城そして江戸の町の成り立ちについて概観しよう。

江戸城の歴史は康正3年（1457）、太田道灌《おおたどうかん》が江戸の地に城を築いた（着工はその前年）ときに始まる、と説明されることが多いようである。

だが、実は、道灌の築城以前、同じ場所に城館を築いて居住した関東豪族が存在した。それが江戸氏である。江戸氏は坂東八平氏の分流であった。

桓武《かんむ》天皇から興った平氏を桓武平氏《かんむへいし》という。その祖は「平」の姓を与えられて臣籍に降下した高望王《たかもちおう》（桓武天皇の曾孫）である。高望王の子孫は関東各地に広がり、その領地の地名を苗字としていく。それが今も関東各地に残る地名を名乗った千葉氏や秩父氏、豊島氏、河越氏なのである。

江戸氏はその秩父氏からさらに分かれた家であった。初代である江戸重継《しげつぐ》は江戸に城館を築き、そこを根拠地にした。平安時代末期から鎌倉時代の初期にかけての江戸氏の居館は太田道灌の江戸城より300年ほど前に築かれた城館であった。

ただし、まだ城とは呼べない内容と規模の城館だったと思われる。思われるというのは、江戸氏に関する文献は少なく、しかも、その多くは江戸時代に書かれた文献で、正確なことはわからないからである。とは言っても石垣や堀に囲まれた城郭などは戦国時代になってから誕生したのだから、江戸重継の城館は城というより館に近いものだったと思われる。正確な所在場所も確定されていない。ただ、推定はできる。その当時、現在の皇居の周辺は桜田郷と呼ばれ、江戸はそのなかの村落のひとつの名前だったからである。

秩父氏から分かれた重継が江戸という苗字を名乗ったということは、彼は江戸と呼ばれる村落に城館を設けたからと考えていいと思う。つまり、ほぼ間違いなく、その後の江戸城と同じあたりに設けられた、と推定することができる。

その後の江戸氏だが、関東平氏が、足利幕府の関東経営の拠点である鎌倉御所に対して反乱を起こした「平一揆」のときには一揆の側に付いている。その結果、江戸氏は所領の多くを没収され、江戸に設けた城館からも退去させられた。そして、やがては歴史の表舞台から姿を消している。

太田道灌が戦国時代以前に築いた難攻不落の江戸城

関東は室町時代の初期から全国に先駆け、実質的な戦国と呼んでも過言ではない戦乱の時代に突入する。

その「関東戦国時代」に、扇谷《おおぎがやつ》上杉氏の家宰《かさい》（家長に代わり家政を取り仕切る職責）の家柄である太田氏に生を受けたのが、江戸城の基礎を築いた太田道灌だった。若くして孫子、呉子の兵法を修め、優れた戦略と統率力で主家の勢力拡大に大いに貢献した名将であり、江戸城の他に川越城、岩槻城を築城するなど「築城名人」としても称えられている。

その道灌が、かつて江戸氏の城館があった場所に江戸城を完成させたのは康正3年（1457）のことだ。関東豪族と戦うための城である。

それだけに難攻不落の堅固な城が誕生した。

応仁の乱が勃発したのは江戸城完成の10年後、日本全国が戦国時代に突入するのはまだまだ先の話である。もちろん各地の守護や地頭、地侍などは、まだ、戦国時代にふさわしい城の造営には着手していない時期に、道灌の造った江戸城は当時、他に比肩するものもない堅固な名城だったと思われる。

さて、その具体的な形状はどうだったのか。残念ながら規模や構造の記録は残されていないが、道灌が江戸城内にしつらえた居室「静勝軒《じょうしょうけん》」には多くの禅僧や歌人が訪れており、その際の模様を書き残している。道灌は、和歌をたしなむ優れた文化人でもあり、文人との交流も盛んだったのだ。

ちなみに、道灌が歌道を志すきっかけとなったとされるのが、かの有名な『山吹の里』の伝説だ。

鷹狩りに出て突然の雨に降られた道灌は、一軒の民家に雨をよけるための蓑《みの》を求める。ところが、出てきたうら若い娘は、うつむいて山吹の花のひと枝を差し出すのみ。怒った道灌はそのまま立ち去ってしまう。ところがその後、家臣から、あの娘は、後拾遺和《ごしゅういわ》歌集《かしゅう》の「七重八重 花は咲けども 山吹の実のひとつだに なきぞ悲しき」の兼明親王《かねあきらしんのう》の歌に掛けて、悲しいことに蓑ひとつさえ差し上げられませんと奥ゆかしく答えたのだと教わる。己の無学を恥じた道灌は、以来、歌道に精進したという。

さて、道灌を訪ねた文人たちの記録によれば、江戸城は――

「切り立った崖の上に、高さ20～30メートルほどの城郭群が建ち並び、崖の縁には土塁《どるい》がめぐらされていた。崖の下は深い堀で、その堀には絶えず、湧き水が流れ込んでいた。堀には巨木の橋が架けられ、橋を渡ったところには頑丈な門があり、門扉は火災を防ぐための鉄板が貼られていた」という。

居館と軍事拠点を兼ね備えた、いわゆる「平山城《ひらやまじろ》」である。この当時は平時は山麓の居館で生活し、有事になると山に築いた城（山城《やまじろ》）に籠もって戦うことが多かったので相当めずらしい。

また、「（道灌の江戸城は）子城、中城、外城の3つの城郭から構成され、城郭のなかには階段式の通路が設けられており、中城にある静勝軒に至るにはそれを上らなければならなかった」というような記述も残されており、中城が後年の本丸に相当することがわかる。とすれば、外城は後年の二の丸や三の丸に相当するだろう。子城というのは意味がわからないのだが、あるいは、城内の一部は出丸のような縄張り（設計）になっていたのかもしれない。いずれにしても、きわめて堅固な名城だったことは間違いない。

太田道灌は55歳になった文明18年（１４８６）、主君である扇谷上杉氏の上杉定正から相模国糟屋の館に呼び寄せられ、暗殺されてしまう。道灌の声望が自分をしのいでいることに嫉妬し、あるいは、それを警戒し、暗殺という暴挙に走ったものであろう。

その結果、江戸城は扇谷上杉氏が派遣した代官に支配されることになった。ただし、歴代の代官たちは、太田道灌が造った江戸城を改築はしなかったらしい。

小田原北条氏の出城から徳川将軍家の城へ

明応４年（１４９５）、古河公方《こがくぼう》、扇谷上杉、山内《やまのうち》上杉の三つ巴の争いで混乱していた関東に、新しい勢力が参入してきた。小田原の北条氏である。

当時、駿河今川家の客臣であり駿河国興国寺城の城主だった北条早雲（伊勢新九郎盛時）が、隣国伊豆の堀越公方家に後継争いの内紛が起こったのを機に出兵。堀越公方家を廃して伊豆一国を領有すると、韮山《にらやま》の城を拠点に関東へと進出し、扇谷上杉氏の有力な配下である小田原の大森氏から小田原城を奪取する。

その後、早雲亡き後も優秀な後継者である氏綱そして孫の氏康は、武蔵国、上野国へとさらに勢力を拡大していく。

大永4年（1524）には、氏綱が扇谷上杉氏を破り江戸城に入城。城代を置いて出城（支城）として支配下に置いた。

そして、天文15年（1546）、氏康が、日本三大夜戦として名高い「河越夜戦《かわごえやせん》」で関東管領《かんれい》・上杉憲政と扇谷上杉氏らの連合軍を壊滅させる。この夜戦によって上杉憲政は急速に勢力を失い、扇谷上杉氏は滅亡した。その頃から江戸城は北条の出城のひとつとなる。

天文21年（1552）には、上杉憲政が、長尾景虎を頼って越後国に落ち延びる。山内上杉氏の分家が越後守護で、その守護代が長尾氏であったという縁を頼ってのことだった。すっかり意気地のなくなった憲政はとにかく安堵して生きることのみを望み、上杉氏の名跡と関東管領の肩書を長尾景虎に譲る。この景虎こそが後の上杉謙信である。

関東管領の肩書を譲られた謙信は北条氏康を討伐すべく関東に進出してきた。謙信の軍事能力は端倪《たんげい》すべからざるものがあり、雪国で培われた越後兵の強さにも目を見張るものがある。事実、一時は小田原城を包囲したことさえあり、武田氏も交えて「関東三国志」と言われる熾烈《しれつ》な戦いを繰り広げた。

その宿敵・上杉謙信は天正6年（1578）に急死するが、北条氏が安堵する間もなく本能寺の変が起こり、羽柴（豊臣）秀吉が織田信長の実質的な後継者となるなど時代は急激に動く。天正18年（1590）には〝天下人〟秀吉による小田原攻めが行われ、20万とも言われるかつてない軍勢に包囲された小田原城は、約半年に及ぶ籠城の末あえなく降伏開城した。

開城の直前、豊臣秀吉は、包囲軍の陣中で徳川家康にそれまでの東海五国から関東に国替えすることを命じた。家康は切り取った関八州を与えられたとも言い換えられよう。一説には秀吉と家康が一緒に立ち小便をしている最中、この国替えが告げられたと伝えられ、これがのちに「関東の連れ小便」などと言われるようになった。

家康は渋々これに従い、東海の領土に戻ることもないまま、小田原攻めに動員した主力軍団を率いて関東に入る。これを「家康の関東討ち入り」という。

関東に入った家康が、とりあえずの居城としたのが、北条氏から奪取したばかりの江戸城であった。

といっても、すでに荒れ果てた江戸城の周りには100軒ばかりの茅葺《かやぶき》の家が大手門の北側にあるくらいで、城の東は海水がさしこむ茅原であった。西南の大地は茅やススキの野原がどこまでも続き、武蔵野に連なった。城の南は日比谷の入江で、沖合には点々と砂丘が現れていたという。

こんな状況の江戸城に家康が入ったのは天正18年（1590）の8月1日。結局、家康は江戸に腰を落ち着け、その後の徳川氏は江戸城を拠点として全国を支配することになった。以後8月1日（八朔《はっさく》）は徳川将軍家にとりきわめて大事な記念日になり、江戸時代を通じ、その日は在府の諸大名を総登城させ、城中で厳粛な記念式典が行われた。

関東覇権の拠点として最適の場所

太田道灌が江戸城を築いて以来、ここまで記したように「太田―上杉―北条―徳川」と覇者は入れ替わったが、いずれも江戸城を手放そうとはしなかった。

これは、江戸という土地、江戸城という城にきわめて重要な地政学的な意味があったということだ。ご存じの方も多いと思うが、地政学すなわちゲオポリティク(Geopolitik)とは地理的な位置関係が政治や国際関係に与える影響を研究する学問のこと。この場合、江戸城が持つ地政学上の意味とは、関東に覇権を確立するうえで、この土地、この城を欠かすわけにはいかなかったということにほかならない。

というのは、関東武者たちは、全国の武士の〝元祖〟のような連中であったからである。不羈《ふき》であり、悍強《かんきょう》であり、油断すると反乱を起こしかねない連中でもある。一旦は傘下に組み入れても、常に監視し、管理統治しなければならない。

ところが、太田氏や上杉氏が所属する鎌倉御所は鎌倉にあった。小田原北条氏の本拠は小田原であった。いずれも、関東平野から外れている。関東武者を監視し、管理統治するには適地とは言えない。

そこで、鎌倉や小田原からそれほど離れていない関東平野の中心部に、監視、管理統治のための拠点を設ける必要が生じた。すなわち、関東平野の中央に守りの堅い城が必要になった。具体的には、江戸城であり、川越城であった。

前述のように、徳川氏が大規模な土木工事によって開拓する前の江戸は、じめじめした湿地帯にいくつもの台地がそそり立つ江戸湾沿いの不毛の地であった。湿地帯には田畑は拓けない。町も城も建設できない。台地には町や城の建設は可能だが、水の確保は難しい。水が確保できなければ田畑の開拓は不可能に近い。事実、古代には、田畑も集落も、北の武蔵野台地と南の多摩丘陵の間を流れる多摩川沿いのわずかな平地に形成される程度であった。まさに未開の地である。

その不毛の地に太田道灌があえて城を築こうとしたのには、いくつかの理由が考えられる。

第一には、江戸が上総国《かずさのくに》や下総国《しもうさのくに》（いずれも今の千葉県）に通じる幹線上に位置していたことである。不毛の地だっただけに、古代の幹線は江戸を通っていなかった。だが、

８世紀の末、東海道が相模国から武蔵国を経て上総国や下総国に至る形に改められ、江戸は交通の要衝に変化した。

また、古代から「海の街道」として栄えた瀬戸内航路が徐々に東へと延び、伊勢、尾張、駿河、相模を経てわずかながら品川までつながるようになってきた。もちろん、品川までの太い海のパイプが通るようになるのは徳川家康の大規模な開発を経てからのことだが、細々ながら当時も、「海の街道」は江戸近辺まで通じていたのである。

さらに、関東平野のもう一つの重要な軍事拠点である川越城と江戸は、荒川を通じてつながっていた。両城の軍事的な連携は容易である。

つまり、江戸は、海陸両面から見て交通の要衝に位置していたのだ。太田道灌は、まず、その地政学的な価値に目をつけたと思われる。鎌倉や小田原などとの連絡に便利で、関東平野に兵を動かすには絶好の拠点だということである。地政学には、ヒト・モノ・カネの往来の拠点を示す〝交通地域〟という概念があり、とりわけ陸海（今日においては空）のいずれにおいても優位性の高い江戸のような都市は、戦略および政治・経済上の最重要ポイントとなる。

その優位性は21世紀の現在もなおいささかも減じることなく、メガロポリス東京にはあまたの鉄道や高速道路網、海上輸送網が集中し、ヒト・モノ・カネのガリバー的集積地であり続けている点は今さら指摘するまでもない。一方では、そのことが一極集中という日本全体にとって深刻な事態を招いてもいる。

そしてまた、江戸は敵に攻められた場合の防衛にも秀でていた。自然の地形が、江戸城の防衛を助けてくれるからだ。というのも、当時の江戸城の東と南は日比谷入江（現在の日比谷近辺は海であった）と溜池で守られ、北は平川と小石川大沼で防衛されている。しかも、城そのものは湿地帯のなかにそびえる台地上にあり、これまた難攻不落の地形となっている。

江戸城を攻めようとするなら、西の牛込方面という狭い通路を通る以外にはない。そこに兵を集中すれば防衛は容易だし、場合によっては城から兵を繰り出して敵を打ち破ることもできる。地政学では、こうした戦略上の隘路《あいろ》をボトルネック、あるいはチョークポイントなどと呼び、この点でも江戸城の位置づけは誠に理にかなったものと言える。

これらの地政学的な意味と意義に着目し、太田道灌は江戸の地に城を築くことを決意し、道灌以降の上杉氏、北条氏もまた、江戸城を手放さなかったのであろう。

そして徳川氏に至っては、卓抜な政策と土木技術によって江戸の持つ地政学的な価値をさらに高めていった。

山を削り湿地帯を埋め立ててつくり上げた城下町

先に述べたように、徳川家康が入府した当時の江戸城は、湿地帯のなかにそそり立つ台地上に設けられた平山城であった。当然ながらその周辺に城下町を造成する余地はない。

そこで家康が最初に着手したのは、江戸城の周囲に平野をつくる大事業であった。上杉氏の代官や北条氏の城代の支配を通じて荒れ果てていた江戸城を改築することに着手する前に、まず、城下町を造成する平野をつくろうとしたのである。

具体的には、江戸城の周辺にそそり立っているたくさんの台地や神田山を削り取り、その土砂を用いて湿地帯や洲を埋め立てる。

当時の江戸城は、上野台地、本郷台地、小石川台地、牛込台地、麹町台地、麻布台地、白金台地という7つの台地に囲まれていた。それらの台地や神田山を削り取り、湿地帯や洲を埋め立てていく。いや、湿地帯や洲を埋め立てるだけではない。もっと大胆な土木事業にも取り組んだ。江戸城近くまで迫っていた海（日比谷入江）も埋め立てた。

実に合理的な発想であった。埋め立てられた湿地帯や洲、入江は立派な平野になる。また、削り取られた台地は準平野になる。つまり、城下町の造成が可能な丘程度になってしまう。相乗効果を伴った土木工事だったのである。

かくて、埋め立てられた豊島の洲の近辺が今の日本橋周辺になった。日比谷入江が埋め立てられたおかげで品川から江戸城の南を通り、陸路で日本橋に行けるようになった。削り取られた神田山の跡は駿河台になり、多数の武家屋敷が建ち並んだ。もっとも、駿河台と呼ばれるようになったのはもう少し後であった。駿府に隠退していた家康が亡くなり、駿府で家康に仕えていた旗本や御家人の多くが江戸に引きあげてきたが、その彼らの拝領《はいりょう》屋敷《やしき》として与えられたのが神田山の跡地だったのである。駿河から戻った武家が住んだから駿河台、であった。

そうして造成された平野や準平野は武家地や寺社地、町人地となり、広い城下町が形成されていった。ちなみに、時代によってもやや異なるが、江戸の町の60パーセントが武家地、20パーセント強が寺社地、20パーセント弱が町人地であった。

町人地は思ったより狭い。ただし、時代とともに徐々に拡大されていった。たとえば享保４年（１７１９）には、家康時代に埋め立てられた隅田川の東岸の本所《ほんじょ》、深川を江戸の町人地に移管した。それまでは代官の支配する農村として扱われていたが、以後、町奉行支配に移ったのである。普通江戸の町は八百八町などと言われるが、こうして時代とともに町人地が増えたため、正徳３年（１７１３）には９３３町、延享２年（１７４５）には１６７８町になっていた。

もちろん人口も増え、８代将軍・吉宗の時代には１００万人を上回っていた。当時、パリの人口は55万人、ロンドンの人口は46万人だったのだから、世界最大の都市になっていたのである。すべて家康がスタートさせた埋め立て工事や、次に述べる治水利水工事のおかげであった。

家康の構想力による治水・利水の大規模公共事業

一方で、この時期に家康は江戸の治水と水利を念頭においた大規模な土木事業にも手をつけている。前者は利根川の河川工事であり、後者は神田上水の敷設工事である。

利根川の河川工事については、まず江戸を水害から守ることを主目的に、流域の天領に将来的な新田開発のための利水を図る。さらには後述する利根川水系と江戸府内の内陸水運の接続による水上交通網を確立すると同時に、江戸防衛の見地からは利根川を北関東の外堀とし、東北諸藩に対する備えにしようとの軍事的思惑もあったようだ。

すなわち、家康入府当時の利根川（とそれにつながる荒川）は、ほぼ自然状態のままの河道となっており、中下流においても分合流の変化が激しく、洪水時には河道や河口が大きく変化することも珍しくなかった。

当然、そこには大規模な河川氾濫が発生し、周辺地域はそのたびに甚大な被害を受けたことは言うまでもない。家康が入府早々の文禄年間（1593〜1596）、関東郡代に任じた伊奈忠次に命じ、この大事業を行わせたのには、そうした背景があったので

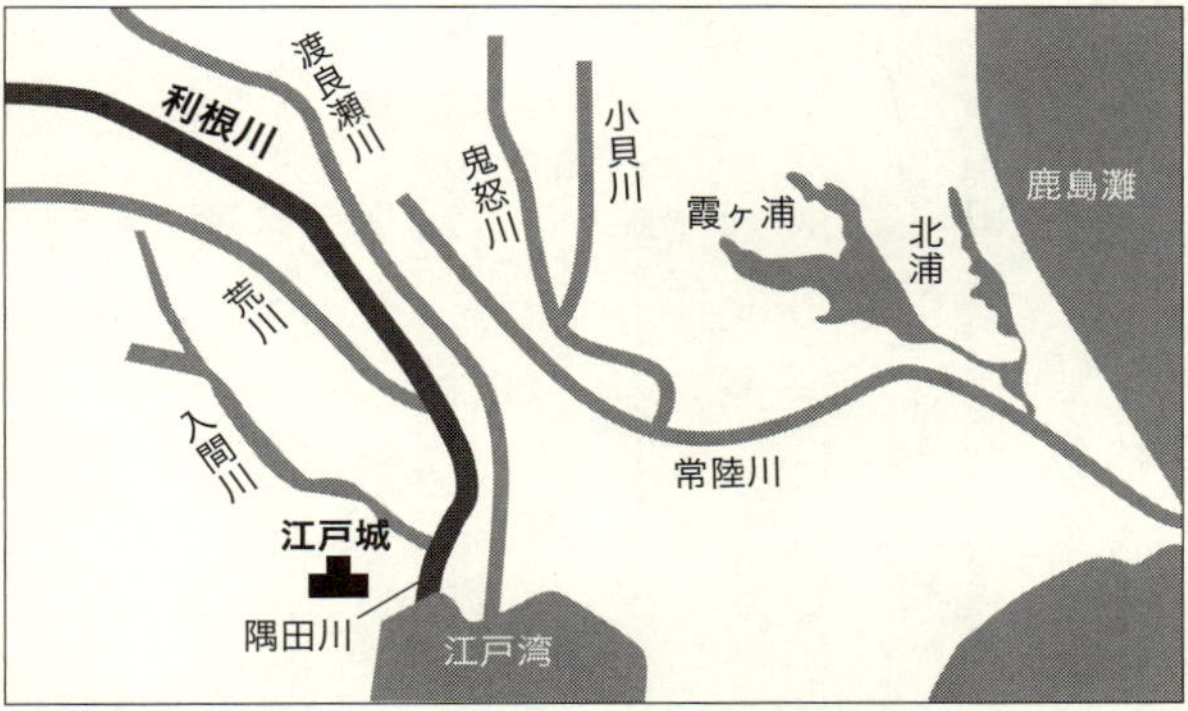

【家康以前の河川】

利根川はもともとは江戸湾に流れ込んでいた。また荒川は現在の流路ではなく、利根川の南側に沿って流れていた。

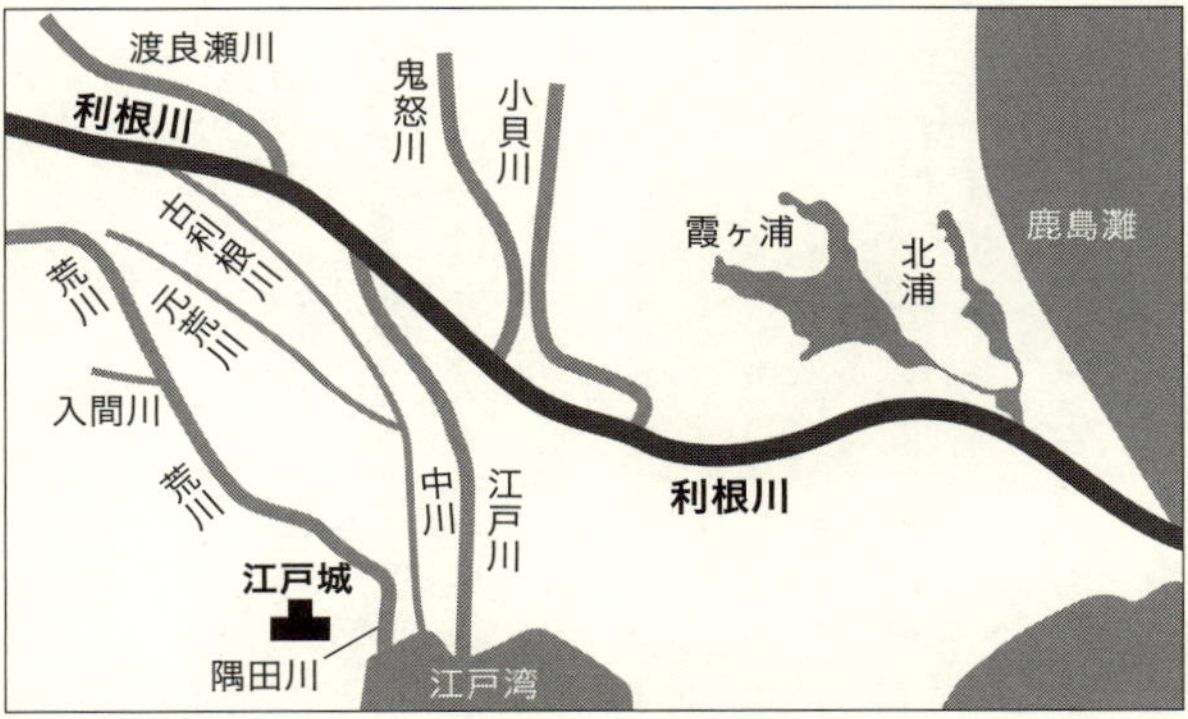

【家康以降の河川】

家康は河川の締め切り、開削を開始し60年におよぶ工事の結果、利根川は流れを変え鹿島灘に流れ込むようになった。

※渡部孝「図説　関東物流史」（「港湾荷役」47巻5号　港湾荷役機械システム協会）より作成

ある。

とはいえ、相手は名にし負う〝坂東太郎〟であり、ひと口に改修と言ってもたやすいことではない。具体的には、網の目のように入り組んだ利根川とその支流の河道の整理と付け替え——会の川《あいのかわ》や浅間川《あさまがわ》を締め切り、利根川の中流を一本化して渡良瀬川に接続する。

これによって、それまで利根川と並行して流れていた渡良瀬川は、利根川の支流となり、権現堂川《ごんげんどうがわ》と太日川《ふといがわ》は下流の位置づけとなって江戸湾へ流入する。後代に至って、現在の古河市付近から分水嶺を超えて赤堀川を開削・通水することにより、こちらは常陸川を経て銚子から太平洋へ注いで流路はふたつに分岐して、利根川は大きくその流れを変えることとなった。

神田上水については、同じく入府早々の天正18年（1590）、家康に命じられた大久保忠行によって開かれたとの記録がある（このとき、忠行が開いたのは小石川上水であり、神田上水はこれを後に発展させたものとする説もある）。

井之頭池を水源とする流れは開渠《かいきょ》の堀で運ばれつつ、途中で善福寺川や妙正寺川と合したのち、小石川の関口大洗堰《おおあらいぜき》で左右に分流。その左側を上水として取水し（右側は江

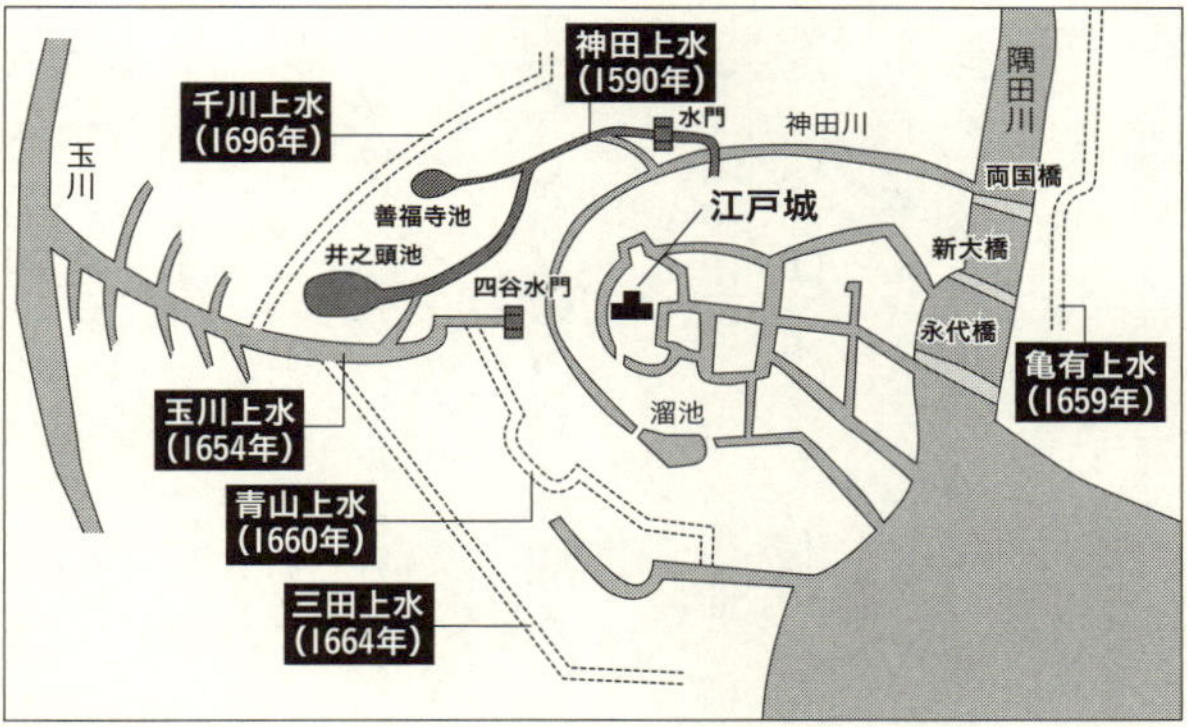

【江戸の６上水】

江戸は海岸に近い湿地を埋め立てた地域が多かったため、井戸水に塩が混じり飲用に適さなかった。そのため神田上水をはじめとする上水道が発達した。その規模は当時の世界一とも言われる。

戸川になる）、水戸藩の江戸上屋敷（現在の小石川後楽園）方面へと流したうえ、御茶ノ水で神田川を横断する。神田の武家地へ給水後は三手に分岐して、神田橋から後述の道三堀北側の大名屋敷、神田川北岸の武家地、さらに神田川南岸の武家地と町人地へ給水する仕組みになっていた。

　その給水のメカニズムは、水の落差を利用した「自然流下方式」と呼ばれるもので、メインとなる幹線は石樋《いしひ》で組み、木樋を支線として使っていたが、ほかに瓦樋や竹樋も使われていたという。木樋には、主に通水の負担に強い檜や杉、栂《つが》、赤松などが用いられ、御茶ノ水で神田川を横断する際には、橋の下に通した懸樋《かけひ》を使用。これが、今も地名として残る「水道橋」の由来である。神田川を中心とする、この上水道は寛永年間（1624～1645）には完成していたとされるが、いずれにせよ、家康の大胆な構想力によるこうした高い技術に基づく土木工事があったからこそ、後の〝世界都市〟江戸のインフラが整ったことは間違いのないところだ。

街づくりのプロ家康が完成させた高度水運都市

徳川家康が経済通、技術通で街づくりのプロだったという格好の証拠が他にもある。その証拠とは、江戸を高度な水運都市に育てあげたこと、少なくとも、育てあげるための基礎をつくったという事実である。

家康が日比谷入江を埋め立てて城下町を形成させたことはすでに紹介した。だが、家康の狙いは、埋め立てによる土地の造成にとどまるものではなかった。江戸という新開地を全国にも稀な水運都市にしようという雄大な構想を実現するものでもあった。

前に、家康入府以前の江戸は、相模国や武蔵国から上総国、下総国に通じる幹線上に位置しているという地政学上の利点について解説したが、実は、陸路上の幹線だけが通っていたのではない。最近の研究によると、中世以降、江戸は「海の幹線」にも位置していた。つまり、江戸湾の奥にある江戸湊《みなと》は天然の良港であり、東国海運の重要な中継拠点として機能していたらしい。決して未開の寒村だったわけではない。ちなみに、湊とは、人の手の加わっていない天然の港湾を意味する。

もちろん、大坂や堺ほど栄えていたわけではないが、運輸上も、商業上も、無限の発展の可能性は秘めていた。家康は、その可能性に着目し、開花させようとした。

具体的には、古来わが国経済の背骨の役割を果たしてきた「瀬戸内運輸」を江戸湾まで引っ張ってこようという意図があったと思われる。

江戸時代には、「物は水の道、人は土の道」という言葉があった。「人は街道で往来するが、物資は船で海路を運ぶのが定法」というような意味である。

というのは、我が国の歴史では、それまで馬車が用いられることがなく、そのため、馬車が往来できる立派な道路網も誕生しないままだったからである。

その第1の理由は、平野部の少ない日本列島には坂道が多く、馬車による往来には困難を伴ったからであろう。第2には、日本原産の馬は馬格が小さく、重い馬車を引かせるにはあまり適していなかったからであり、第3には、牡馬を去勢する技術が伝わらず、そのため、力のある猛々しい牡馬を統御する技術が未発達だったことも挙げられる。そこで古来、大量の物資の運搬は陸路ではなく海路を用いることが多かった。

海路による運輸を考える場合、我が国は、実に素晴らしい自然環境に恵まれていた。瀬戸内海の存在である。波穏やかな内海である瀬戸内海は船舶の航行に最適な航路となり、そのため、はるか古代から物資運搬の背骨となってきた。

瀬戸内航路は、王朝時代には門司周辺から難波の津あたりまでの航路であった。だが徐々に東へと延び、戦国時代までには伊勢や尾張を通り越し、三河や駿河という東海地方まで延びてきた。さらに、まだ細いパイプではあったが、相模や武蔵、房総まで延びかけていた。

戦国時代末期の小田原には唐人町《とうじんまち》があり、川越には唐人小路があり、貿易商である唐人（中国人）の往来があったことが、その何よりの証拠である。江戸に唐人町や唐人小路が存在していたという記録はないが、海路による運輸網が江戸湊まで延びていたことは間違いないだろう。家康は、その水運のパイプをさらに太いものにすることを考えたと思われる。

具体的には、埋め立て事業によって日本橋の両側が大きな商業地になることで、隅田川の河口が江戸の外港となり、そこに主として畿内からの物資をもたらす船舶が頻繁に錨《いかり》を下ろすことになったのである。これが、世に名高い菱垣《ひがき》廻船や樽《たる》廻船だが、後に、最盛期には２４０余の大型廻船が年に延べ８４０回も江戸と上方を往復するほどまでに成長した。

天才・家康「道三堀」を開削する

海路だけではない。徳川家康は、河川を縦横に結び付けた内陸水運による運輸の道も拓《ひら》こうとした。江戸に入府したその月に、江戸湾に注ぐ平川の河口から江戸城までをつなぐ道三堀《どうさんぼり》という運河の掘削を開始したのである。この運河により、海路で運ばれた軍需物資や年貢米などが舟で江戸城に運び込まれるようになった。それにより、江戸は高度な水運都市に生まれ変わりはじめた。

この道三堀の開削は、家康が手をつけ、その死後も幕府によって継続された「水運都市江戸」建設のモデル事業とも言える重要な土木工事なので、やや詳しく説明しよう。

道三堀は明治42年（1909）の埋め立てで消滅するが、消滅の前は、現在の和田倉門から40メートルほど離れたパレスホテル付近から北流を開始して現代の永代通りに入る。その後はほぼ永代通りの道筋に沿って東に流れ、最終的には常盤橋の下手で外堀と合流していた。

だが、当初の道三堀はもっと長く「日比谷入江と平川を結ぶ運河」と説明されることが多い。

形態的にはその通りであった。だが、それだけでは道三堀の持つ機能は説明できない。道三堀には3つの機能があったからである。

第1の機能は、いわば軍事的機能であり、第2は、海運上の商業的機能であり、第3は、内陸河川（運河も含む）網による商業的機能である。道三堀は、その3つの機能の

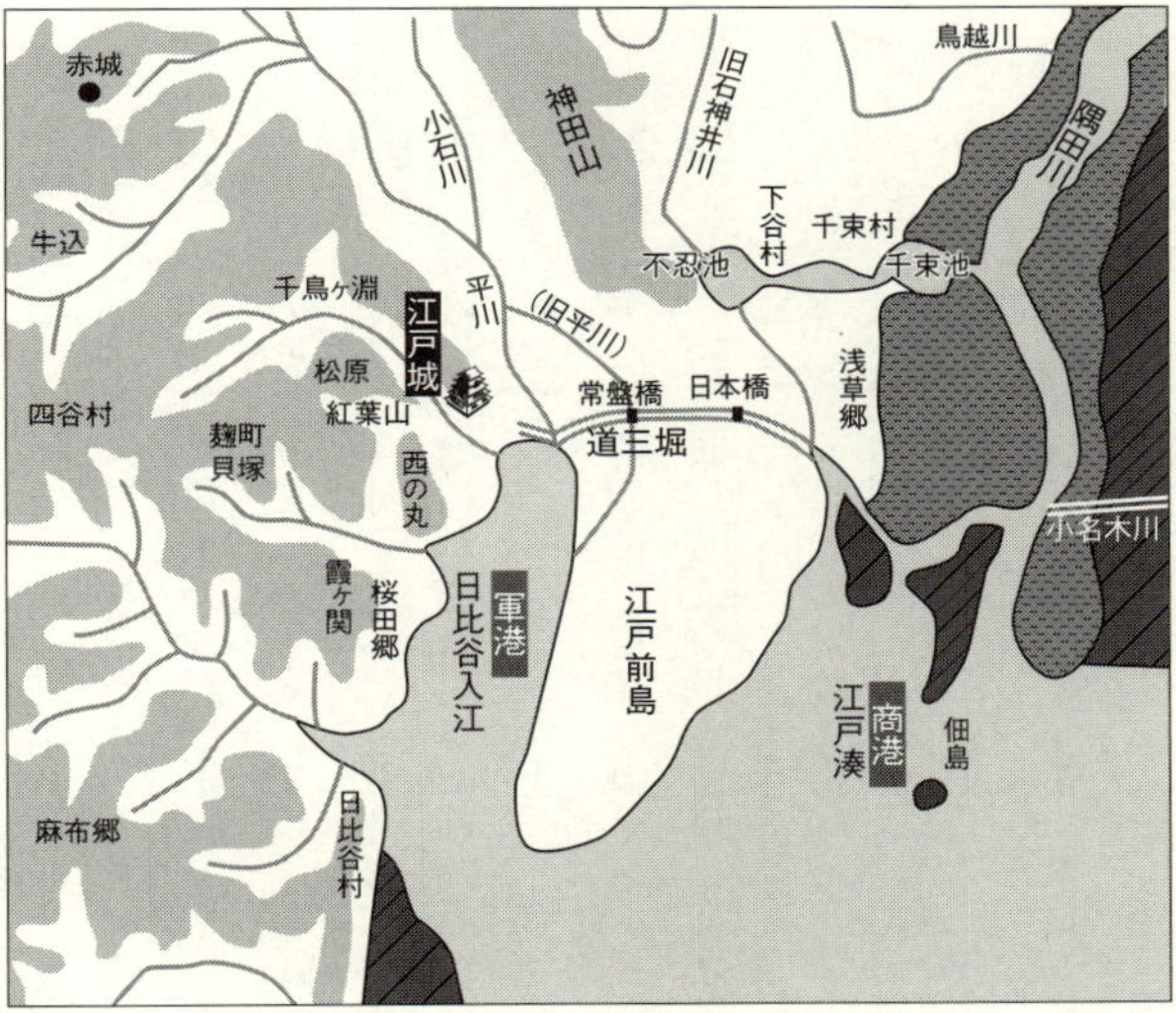

【道三堀】

家康が入府後最初に掘った堀。江戸城本丸と江戸湾を結び江戸の街づくりに必要な物資を運び込むために開削された。ほぼ現在の日本橋川の流れに相当する。（MAP制作／グレイル）

すべてを満たす運河として開削されたものだ。

前にも説明したように、家康入府当時は日比谷入江が現在の内陸部まで深く入り込んでおり、塩水は江戸城のすぐ下まで迫っていた。

家康は、まず、この日比谷入江の軍事的価値に目をつけた。つまり、城の堀から日比谷入江まで運河を掘り、船の運行を可能にすることで日比谷入江を軍港にしようとしたのである。万一、江戸城が敵に包囲されるようなことがあった場合、日比谷入江から船で食糧や弾薬を江戸城まで運ぶ。あるいは、同じ経路で将兵を出入りさせる。軍事的な価値は大きい。

ただし、軍港である以上、商船の出入りや停泊は好ましくない。第一、当時から徐々に日比谷入江の埋め立ては進められていたのだから、いずれ、軍港としての日比谷入江は消滅する。事実、家康の死のほぼ10年後に日比谷入江埋め立ては完了し、陸地になった入江の上には大名屋敷が建ち並ぶようになった。

それらを勘案し、道三堀はさらに延長された。つまり、日比谷入江の北岸から東の方に掘削され、平川と結び付けられたのである。平川は河口付近で隅田川に合流し、日比谷入江よりもさらに東の現在の佃島《つくだしま》付近で江戸湾に入る。そこは天然の良港である江戸湊を形成している。

ということは、江戸湊に陸揚げされた諸国の物産は川船に積み替えられ、まず、隅田川に入り、次いで平川に入る。さらに平川から道三堀に入り、ほんの一瞬、日比谷入江に出てからまた道三堀に入る。そして、最終的に江戸城近くまで運ばれるのである。江戸湊は江戸の商港となったわけで、これが道三堀の商業的機能である。つまり、日比谷入江より東の運河と西の運河を総称したのが道三堀ということなのであった。

江戸は運河が縦横に走る〝東洋のヴェニス〟

時期的には道三堀の後になるが、やはり運河である小名木川《おなぎがわ》も開削された。

この運河は旧中川と隅田川を結びつける運河で、その開削によって、たとえば行徳（現在の千葉県）の塩や船橋（同じく千葉県）の野菜や米なども隅田川、平川を経て道三堀に入ることができるようになった。以後、深川一帯では、埋め立ての進行がその間を縫うように流れる竪川《たてかわ》、大横川、横十間川《よこじっけんがわ》、仙台堀（川）など新たな運河を整備し、利根川水系ともども近郊の農産物や東北からの年貢米運搬のための重要ルートになる。要は、新たな土地を埋め立てる際、一定の間隔をおいて直線の水路を残し、これを運河として活用するというわけだ。

その後、房総の北にある常陸《ひたち》那珂湊《なかみなと》に陸揚げされた東国の物産も、小名木川経由で道三堀に入るようになるなど、道三堀は内陸河川網による商業的機能も兼ね備えていく。

そのため、道三堀の両岸には諸国から商人たちが集まって海からの商品、河川からの商品を扱い、江戸時代初期の商業地を形成するようになった。家康の斬新な試みは、その死後も幕閣によって受け継がれていった。

さらに、海路に関しては、寛文11年（１６７１）、徳川幕府は河村瑞賢《かわむらずいけん》に命じ、東廻り航路を開拓させている。

実は、その開拓の以前から盛岡藩などの奥羽地方の諸藩は、収納した年貢米を江戸に海送する試みをスタートさせていた。だが、陸奥国の沿岸にはリアス式の三陸海岸という航海の難所があり、安全な海運は困難だったのである。そこで、瑞賢に命じ、より安全な航路を開拓させたというわけである。

瑞賢より前の東廻り航路には、三陸海岸を乗り切ってもなお、難所があった。房総の海である。そこで幕府は、無理に房総の海を乗り切らなくてもよい運輸法も瑞賢に考案させた。房総の北の常陸那珂湊に物資を陸揚げし、湖沼を通り、その後、若干の距離を陸送して霞ヶ浦に入り、そこから利根川水系を経由して江戸に入るという河川利用の内陸海運であった。

この内陸海運は、那珂湊に陸揚げした物資の運搬だけに用いられたものではない。味噌や醤油など、房総や常陸国で生産された商品も運ばれたし、旅する人々も頻繁に利用した。幕府役人の公用の旅にも利用された。当然、利根川水系をはじめとする河川には、いくつもの船着き場が設けられる。それを河岸《かし》と呼ぶ。要するに「川の駅」である。それらの河川水運網の終着駅（始発駅でもある）こそ、江戸の町であった。

江戸の町そのものには、さらにきめの細かい河川交通網が整備された。江戸の町の全域には縦横に運河が掘られ、それらが自然の川と連結し、あるいは、運河と運河が結び付き、高度な水運都市が出現していたのである。「江戸時代の東京は東洋のヴェニスであった」というのは、決して誇大表現ではない。

いかがだろう。徳川家康の都市政策はなんと斬新ではないか。干拓、治水、利水、水路開発……。大胆な発想と巧みな戦略で、見事に新都・江戸の基盤を造り上げてしまった。公共事業の模範と言ったら言い過ぎであろうか。

260年続く「パックス・トクガワーナ」の時代へ

慶長5年（1600）、徳川家康は関ヶ原合戦に勝利する。そして、その3年後には念願の征夷大将軍に就任する。もはや、江戸の町の構築に専念していればいい地方大名ではない。戦国の世を完全に脱した新しい日本国を構築するという、歴史的使命を負った天下人であった。家康は、そのために必要なさまざまの政策を打ち出し、その多くは、以後の徳川幕府にも引き継がれていった。

それらの政策には毀誉褒貶《きよほうへん》がある。「毀」と「貶」、つまり、批判や悪口も多い。そして、江戸時代は暗黒の封建時代だったと語られることが少なくない。

もちろん、封建時代の負の側面もあったことは否定しない。だが、江戸時代はそれほどひどい時代だったわけではない。なぜなら、260年余に及ぶ江戸時代には、一度も戦争がなかったのである。対外戦争はなかった。島原の乱を除けば、国内戦争もなかった。

その島原の乱にしても、実態は百姓一揆であり、厳密な意味では戦争ではない。260年間もの間、戦争のなかった国。そんな国など、他には皆無である。世界史上の奇跡と言えよう。この徳川時代の平和をパックス・トクガワーナと呼ぶ。
なぜパックス・トクガワーナが成立し得たのか。本書でそのすべてを語ることは不可能だが、初期の幕府政策のなかで効果的だったのは、大名の再配置と参勤交代の制度化であった。

関ヶ原で勝利した家康は、まず、全国各地の大名たちの再配置を試みた。西軍に参戦した大名の多くを取り潰し、あるいは減封《げんぽう》した。それだけではない。大名の入れ替えも行った。いわゆる転封《てんぽう》である。

たとえば、石田三成と親しく、最後まで去就を明らかにしなかった常陸の佐竹義宣《よしのぶ》は水戸から久保田（秋田の旧名）に移された。また、東軍（徳川方）に属した大名の多くは、その褒賞として、より大きな領地に転封された。

これらを手始めとして、初期の徳川政権は、実に盛大に大名たちを取り潰した。初代家康は、41の大名を取り潰した。うち28が外様大名であった。２代秀忠は、15の譜代・親藩大名と23の外様大名を取り潰した。３代家光は、19の譜代・親藩大名と28の外様大名を取り潰した。

いずれの場合も、外様大名の取り潰しが圧倒的に多数を占めている。豊臣恩顧の大名をはじめとする外様大名を取り潰し、あるいは転封することによって、政権に対する反乱が二度と起こらないよう大名配置の大転換を図る改革を断行した。

さらに江戸幕府は参勤交代の制度化に取り組んだ。ご承知の通り、これは諸大名に課した義務のひとつで、原則として1年おきに石高に応じた人数を率いて出府し、江戸屋敷に居住して将軍の統帥下に入る制度である。この参勤交代による国元と江戸の二重生活、そのために費やす旅の費用は、幕末に至るまで大名たちの経済を苦しめ、彼らの万一の反乱を予防する結果をもたらした。もちろん、金がなければ戦争などできなくなるからにほかならない。

これを逆に見れば、初代家康の時代に考案され、後に制度化された参勤交代は、見事なほど大名統制の実を挙げたということになろう。

このように知略に優れた家康は、大名の再配置と参勤交代の制度化という巧妙な戦略を実現することによって戦国時代の遺風を払拭し、パックス・トクガワーナの礎を築いたのである。驚くべき策略家と言うべきか……。

諸大名総動員、無償の「天下普請」で築かれた江戸城

一方で徳川家康は倹約家であったと言われている。といっても〝ケチ〟とは違い、見栄を張った華美な振る舞いが嫌いな人であった。むしろ質実剛健と表現すべきかもしれない。信長や秀吉のように、派手な衣装をまとったり、きらびやかな茶室を造ったりするのは趣味ではなかった。

自分の住む城に関してもそうであった。家康が入ったばかりの江戸城がかなり荒れていたのは前述した通りである。要害ではあったが、荒れていた。家康の第一の謀臣である本多正信もさすがに呆れ、「せめてふだんご使用あそばす御殿ぐらいは、立派なものを新築なされ」と勧めたが、「いらん。江戸の町をつくることが先決じゃ」と答え、簡素な手直し程度の御殿で生活していたらしい。

そんな家康も、関ヶ原合戦の翌年にはやっと江戸城の造営に手をつけるようになった。大坂の豊臣家は残っているものの実質的な天下人になった以上、いくらなんでもボロボロの江戸城ではまずいと考えたのであろう。

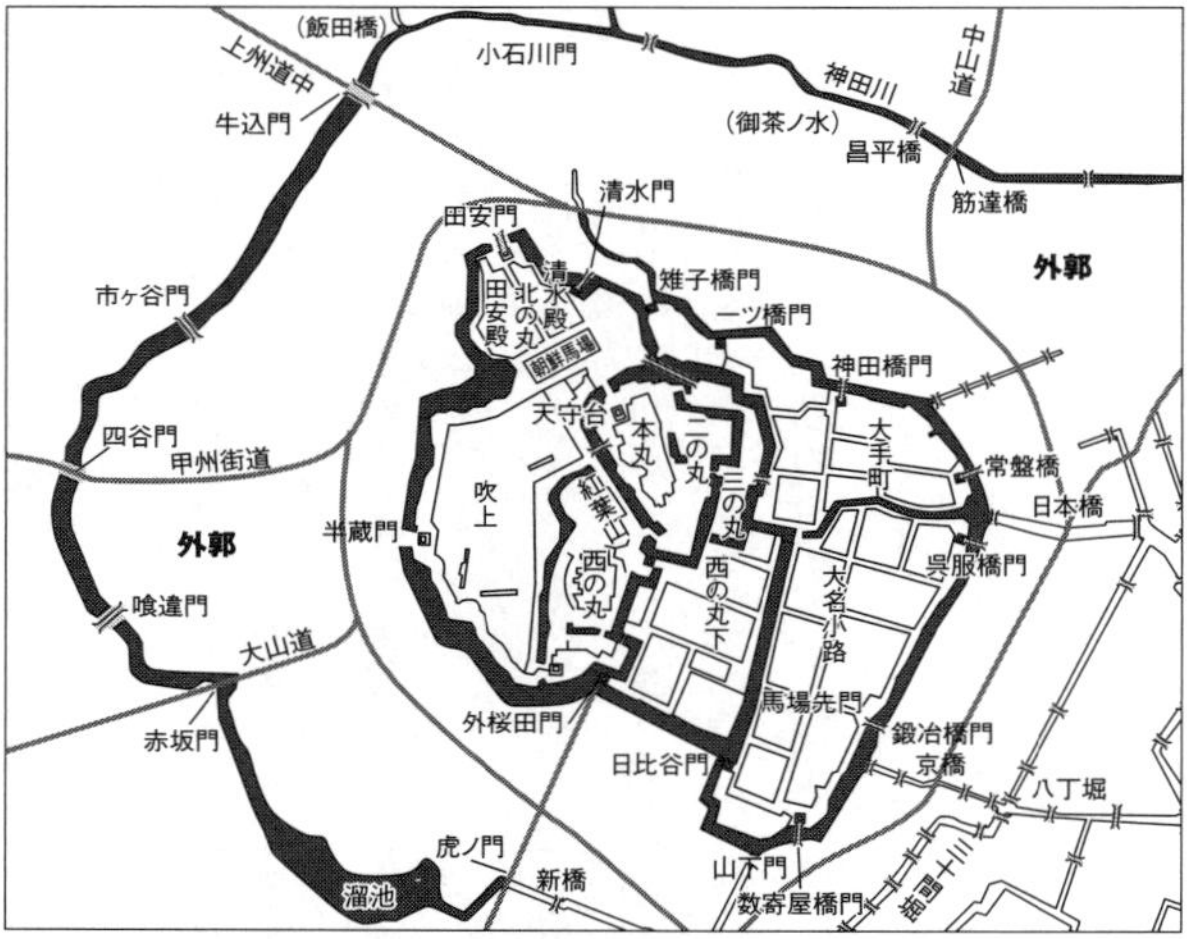

【天下普請で構築された城砦都市江戸】

慶長8年（1603）には神田山を崩して日比谷入江が埋め立てられた。さらに慶長年間に石垣、本丸、天守台が築城される。元和4年（1618）年からは神田川の開削、本丸拡張工事、寛永5年（1628）からも石垣工事、拡張工事が続いた。万治3年（1660）に神田川御茶ノ水拡張工事をもって堂々たる都市が完成した。これらの工事はいずれも諸大名の無償奉仕＝天下普請である。

（MAP制作／グレイル）

慶長6年（１６０１）に西の丸を完成させた。慶長9年（１６０４）には本格的な造営の準備として、西国の大名28家に石垣にする石材運搬の船の用意を命じた。そして慶長11年（１６０６）から本格的な造営をスタートさせる。

当時、城づくりの名人と言われていた藤堂高虎に縄張り（設計）させ、まず、本丸、二の丸、三の丸、外曲《そとぐる》輪《わ》の堀を築かせた。西日本を中心に、各地に名城を築いた高虎の築城法は、石垣を高く積み上げることと、堀の設計に特徴があり、江戸城においても外郭の石壁と石垣部分にそれが色濃い。〝最高傑作〟とも言われる四国の宇和島城のように、海水を堀に引き込んだり、石垣の一角が死角になるなどの工夫はないものの、江戸城はまさに天下人の城としてふさわしい設計だ。

そしてこれ以後、幕府は次々と追加工事を実施させ、それは家康亡き後も継続する。「築いた、施工した」ではなく「築かせた、施行させた」のだ。家康の江戸城は、諸大名を総動員した天下普請で造営されたのである。

天下普請とは、「この工事は天下のために（あるいは天下人のために）行うものであり、全国の大名は無償で協力しなければならない」と定められた普請のことである。幕府が多少の金銭を与えることもあったが、基本的には大名たちの持ち出しである。ちなみに、「普請」とは正確には現在の「土木」にあたる概念であり、城づくりなどの建築や建設にあたる「作事《さくじ》」に比べて、はるかに規模の大きいイメージだったはずである。

徳川家ゆかりの城の造営だけではなく、全国の重要な河川の改修なども天下普請とされ、大名たちは無償でその普請に従事した。先に紹介した神田山の切り崩しや日比谷入江の埋め立てなども天下普請の部類であった。

これらはお手伝いとか助役とも呼ばれ、幕末まで大名たちを苦しめる苦役になった。

その狙いはあらためて説明する必要もないだろう。天下普請によって金を費やさせ、ひょっとしたらあるかもしれない徳川家への（幕府への）謀反を未然に防止することが主要な目的であった。参勤交代と同じ狙いである。

その証拠に、慶長9（1604）年に石材運搬の船の用意という天下普請を命じられた28家の大名は、福島正則、加藤清正、毛利秀就《もうりひでなり》、片桐且元《かたぎりかつもと》など、すべてが豊臣恩顧の大名であった。譜代大名などひとつも含まれていない。

後に譜代大名や親藩大名も天下普請を命じられるようになるが、それは関ヶ原合戦や大坂の役の余波が沈静してからのことであった。

江戸城は抑止力としての城郭群の「要」

天下普請による築城は、江戸城だけに限られたものではなかった。慶長12年（160

7）に天守閣と北の丸が完成して江戸城の造営が一段落すると、西国大名に対し、駿府城の造営を命じた。

そのおおよその完成を待ち、同じ年、将軍位を嫡子・秀忠に譲って大御所になっていた家康は江戸城を去り、駿府城に隠居した。とはいえ、重臣団や官僚団をゴソッと引き連れての〝隠居〟であり、天下へ向けた号令は依然、家康の手元から出ていたことは周知の通りである。

慶長15年（1610）には、後に御三家筆頭と呼ばれるようになる尾張藩を創設させた九男・義直が住まう名古屋城の築城が天下普請で始まった。

徳川一門の城だけではない。譜代大名の居城である近江の膳所《ぜぜ》城や彦根城、そして外様ではあるが家康の次女・督姫の婿である池田輝政の姫路城も大名たちを動員した天下普請で造営されている。

名古屋城を含めたこれらの城は、すべて大坂城に居座る豊臣秀頼を包囲する城であり、天下静謐のための築城だから天下普請で当然という理屈だったのであろう。ちなみに、家康亡き後になるが、慶長19年（1614）の冬の陣と慶長20（1615）の夏の陣によって灰燼《かいじん》に帰した大坂城の再建や、２代将軍・秀忠の四男であり、あの4代目江戸城天守閣再建にストップをかけた保科正之の居城である会津鶴ヶ城の改築も天下普請によってなされている。

ここで注目していただきたいのは、大坂城の再建や会津鶴ヶ城の改築は、豊臣氏が滅んだ後になされているということである。豊臣氏を包囲するという意味があった名古屋城や膳所城、彦根城、姫路城にしても、完璧に弱体化していた豊臣氏への備えとしてはいささか過剰にすぎる。

それでは、なんのための築城・改築か。

もちろん、前述のように、大規模な天下普請によって外様大名の勢力を削ぐことが目的のひとつだった。しかし、もうひとつの大きな目的があったのではないか。

私は、要するにFleet in beingではなかったかと考えている。

Fleet in beingとは、直訳すれば「常備艦隊」。艦隊（Fleet）は実際に戦争に用いられることがなくてもいい、存在しているだけで敵や潜在敵への無言の圧力となる、というような意味である。意訳すれば抑止力とでもなろうか。

とりわけ、関ヶ原における西軍の雄でありながら、ほぼ無傷のまま領国薩摩へ立ち返った大藩・島津への恐れは根強かったようだ。外様ながら幕府の信頼厚い細川忠利を、加藤家改易《かいえき》ののちの肥後熊本へ移封して、加藤清正自慢の熊本城を守らせたのも、これを抑える目的が大きかったに違いない。

すなわち、薩摩が江戸を目指して攻め上ろうとしても、熊本城、姫路城、大坂城、名古屋城といった巨城、堅城が途上に配されている以上、とても江戸までたどり着くことはできまい。事実、徳川家の本拠地になって以来、江戸城は幕末に至るまで一度も戦火を浴びることはなかった。対薩摩の要衝としての熊本城の役割は、皮肉にも明治維新後の西南戦争の際、西郷軍への徹底抗戦により証明されるところとなる。

つまり、家康に代表される初期の徳川将軍家は日本列島の枢要部に天下普請による城郭ネットを築き上げることで、それを戦争を予防する抑止力にしようとしたのではなかろうか。いわば、日本史上初めての国土軸とも呼ぶべきもので、江戸時代の国家体制も、この日本版〝ハドゥリアヌスの長城（２世紀にローマ帝国を守るためにイギリス北部に築かれた要塞）〟によって貫かれ、維持されてきた面が大きいはずだ。

そして、ほかならぬ江戸城こそ、そのネットワークの要、パックス・トクガワーナの地政学上の〝点睛〟だったことは言うまでもない。

第3章

幻の江戸城天守閣

天守閣は軍事施設ではなく統治のシンボルだった

前述のように、慶長12年（1607）、最初の江戸城天守閣は造営された。慶長度天守閣である。その詳細は不明だが、大工頭を務めた中井正清の末裔である中井家に残された指図《さしず》（設計図）によると5層建てであったことは間違いないらしい。

その15年後の元和8年（1622）には、やや位置を変えたところに、2代将軍・秀忠が元和度天守閣の造営を始め、寛永14年（1637）には3代家光が寛永度天守閣の造営をスタートさせ、いずれも翌年に完成させている。

慶長度天守閣と元和度天守閣の詳細が定かでないため、単なる改築だったのか、まったくの新築だったのか、確実なことは言えない。ただ、いずれも天下普請によって大々的に造営されたのだから、改築だったとしても新築同然の全面改築だったと考えることができるだろう。

もちろん、徳川氏以前の江戸城には天守閣は存在しなかった。というのは、全国で最初の天守閣は天正7年（1579）頃に完成した織田信長の安土城天守閣だったからである。

もっとも、これには異説もあり、最初の天守閣建造者は、足利13代将軍・義輝を殺害した戦国の梟雄《きょうゆう》・松永弾正久秀だという説もある。永禄3年（1560）に久秀が築城した大和信貴山城《しぎさんじょう》に全国初の天守閣が設けられたというのである。久秀はその後、京に進駐してきた織田信長の傘下に入り、彼の口から天守閣の話を聞いた信長が安土築城にあたり、そのアイディアを真似たという。

作家の司馬遼太郎氏は、この説に基づいて『国盗り物語』などの作品を発表している。ただし、その真偽はわからない。天正5年（1577）、織田信長を裏切った松永久秀は信貴山城に籠もって織田軍を迎え撃ち、最後の最後には火薬に火をつけて自爆、その際に信貴山城の天守閣も（もしあったとしたらだが）吹っ飛んでしまったからであった。真偽が判定できる証拠が吹っ飛んでしまったのである。

このように、少なくとも戦国時代末期まで日本の城に天守閣は存在しなかった。というのも、ほとんどの場合に城の最高地に最高層で建てられる天守閣は、城下を見下ろす物見櫓《やぐら》としては意味があるものの、それ以外に実用的な意味はほとんどない。それどころか、敵からの攻撃に際してはかえって目標になりやすいなど、城自体が城砦としての役目を重視して建てられていた山城の時代にはあり得ないのが当然だった。

それが、戦乱の時代の終息が近づくにつれ、城下の政治・経済の中心、さらには支配や権威の象徴として、どこからでも望めるシンボルが必要とされ、天守閣が建てられるようになる。

とはいえ、軍事施設としての城本来の役割は残った。臨戦にあっては天守に攻め込まれることが落城を意味したため、築城の際は防衛線としての堀や櫓、桝形《ますがた》門、馬出《うまだし》、あるいは防御のための狭間《さま》（銃眼）や石落《いしおとし》（石垣を上る敵の上へ石や熱湯などを降らせる設備）、防火・防弾にすぐれた厚い土壁などが必須である。そうした動きは安土城以後、関ヶ原の合戦を経て徳川の世が訪れるまで続き、先に挙げた天下普請での築城ブームの際は日本各地に天守閣が次々に建つこととなった。

この時代の城郭はその多くが平山城であり、大阪城や名古屋城、そして江戸城のような周囲に広い堀をめぐらした巨大な輪郭式平城も登場する。

ルーツは武器庫などに使われた「御三階櫓」？

「天守」という名称について言えば、信長が目前にした天下統一を念頭におき「天主」と命名したのが、その後に天守（殿主・殿守とも）と呼ばれるようになり、時代を経て幕末から明治にかけての庶民の間に、金閣や銀閣を思わせる「天守閣」という名称が一般化したようだ。このように、当時にあっては武士も城下の領民たちも、自分たちの国の象徴としての天守閣を誇りに思い、親しみを持っていたことがわかる。その意味で本書では「天守閣」という表記で統一している。

天守閣の規模は、現存最大最高の姫路城で高さおよそ31メートル、初層は約27×20メートルあり、高さでは松本城、松江城、高知城がこれに続くが、やはり史上最大最高となると江戸城にとどめをさす（高さ、広さとも姫路城のおよそ1・5～2倍）。

ちなみに、天守閣の規模を示す場合、「重」「層」「階」などの語が使われるが、これは外観から見た屋根の数と内部の床の数が必ずしも一致しないことが多いためで、屋根の数を「層（または重）」、床の数すなわち階数を「階」で表現するのが一般的だ。江戸城（寛永期）の天守閣は5層6階（地上5階、地下1階）で、外からは屋根が5つ重なって見え、内部は6階建てになっていたという。

天守閣に関しては、もうひとつ、わからないことがある。いったい、その由来は何かということが、今も謎になっているのである。論者により、さまざまな説があり、正確には決めかねる。ただ、それ以前からあった「櫓《やぐら》」が起源ではないかという説が、最も正解に近いのではないだろうか。櫓は古く「矢倉」や「矢蔵」と書き、古代から中世の砦にも必ずあった武器庫ないし攻撃の拠点となる施設だ。

というのは、櫓という付属建造物は、城にとって特殊な意味を持つ建造物だからである。江戸時代になり、一国一城令や武家諸法度が発布されると、大名たちは勝手に城や天守閣を築くことができなくなる。幕府に願えば許されることもあったのだが、絶対に天守閣が許されない大名たちもいた。「無城」と呼ばれた大名たちである。

江戸時代、大名にはいくつかの格があった。一番上が「国主」であり、一番下が「無城」である。「無城」より格上の「城主」は領国に城を持つことができる。だが、「無城」は、その呼び名の通り、城を持てない。といって、住まいや政庁になる建造物が皆無では不便である。そこで、館を持つことは認められていた。

この館と城の構造上の区別があいまいなのである。館も堀や石垣は備えることができた。そのため、大きな館だと城と区別することが難しい。だが、ただひとつ、城が持てて館が持てない付属建造物があった。それが櫓である。

実は、江戸時代、すべての大名が天守閣の新築は禁じられていた。とはいえ、家臣や領民の心のよりどころとなるようなシンボルは欲しい。そこで建てられたのが「御三階櫓（三重櫓）」であった。櫓といっても天守閣と同じような格調高い意匠が施されたものが多く、その威容は天守閣に匹敵した。

そこで、多くの大名が「御三階櫓」を建造した。無城の大名のなかにも建造するものがあった。だが、無城の大名は、それを櫓と称することはできなかった。許されないのである。

どうやら櫓は城郭にとっては特殊な意味を持つ建造物、ある意味でシンボルのようなものではなかったろうか。それらの史実や規則を総合すると、櫓こそ天守閣の起源と考えて、ほぼ間違いないようである。

30年に3つも造られた江戸城天守閣の謎

こうした天守閣一般にまつわる謎とは別に、江戸城の天守閣にはいまだ解明されていない謎が潜んでいる。その最大のものは、なぜ、3つもの天守閣があったのか、なぜ、それらが必要だったのか、という大きな謎である。

何度も述べてきたが、3つの天守閣とは、前述の通り、慶長度天守閣、元和度天守閣、寛永度天守閣である。

最初に建立されたのは慶長度天守閣だった。慶長12年（1607）の建立であり、時の将軍は2代秀忠であった。ただし、秀忠に将軍の位が譲られたのはその2年前であり、譲位して大御所となっていた初代家康はまだ健在であった。

いやいや、健在などというものではない。実権は完全に家康が握っていた。慶長8年、つまり関ヶ原合戦の3年後に徳川初代将軍になった家康が、そのわずか2年後に譲位したのは、将軍の位は徳川家が世襲するということを天下に宣するためであり、実権まで譲り渡すものではなかった。それまでは、天下は持ち回りという発想が強かったのである。

事実、慶長天守閣完成の3カ月後、家康は駿府城に引っ越すが、それは草創期の徳川政権を支えた重臣団や官僚団を引き連れての引っ越しであり、以後、政策のすべては駿府で立案され満天下に公布された。江戸の秀忠はお飾りのようなものだったのである。

家康が亡くなる元和2年（1616）まで、そうした状態が続いた。その意味では、慶長度天守閣は、将軍秀忠ではなく、大御所家康が築いた天守閣と見なすことができる。

その家康が亡くなって7年後の元和9年（1623）、時の将軍秀忠によって改築されたのが元和度天守閣である。慶長度天守閣よりひと回り大きな天守閣になり、場所もかなり北の方に移動したと見られているのだから、改築というよりは新築と言った方がふさわしいような全面的改築であった。

そのさらに15年後、2代将軍秀忠が亡くなってから6年後の寛永15年（1638）に改築されて完成したのが寛永度天守閣である。時の将軍は、3代家光。この寛永度天守閣の基本構造や外見は元和度天守閣とさほど変わってはいなかったと考えられている。場所も同じだ。しかし、改築とはいっても、全国の大名たちを動員する天下普請による大規模な改築工事だったのだから、これもまた、新築に近いという匂いは漂っている。

つまり、家康、秀忠、家光という初期の3代の徳川将軍がすべて、自分の代に、自分なりの天守閣を造営している。言い換えるなら、祖父と父と子がそれぞれ、〝自分の〟天守閣を建てている。

しかも、慶長度天守閣完成の16年後に元和度天守閣、元和度天守閣完成の15年後に寛永度天守閣になっている。わずかな年月である。建て直しが必要なほど老朽化が進んでいたとは考えられない。また、2度の改築の前に大きな地震や、寛永度天守閣を焼亡せしめた「明暦の大火」のような火災があったという記録は残されていない。

ならば、いずれも不要不急の改築と言えよう。

そこで、謎が生じる。なぜ、代替わりごとに不要不急、無駄とも言える改築を行ったのか。この謎については、さまざまな解釈がなされてきた。

たとえば「徳川政権の成長に伴い、それにふさわしい豪華な天守閣（天守閣だけではないが）に建て替える必要が生じた」という説がある。もうひとつ「天下普請によって諸大名（特に外様大名）が貯め込んだ金を吐き出させるために、故意に天守閣を含む江戸城の改修改築を繰り返した」という説もある。

前述のように天下普請とは、徳川家に関係の深い城や寺社などの建造や改築、河川の整備などに諸大名が従事することであり、大名たちは泣く泣く天下普請の義務を果たした。いずれの説にも、一定の納得感はある。とはいえ、それだけで説明がつくとも思えない。

そこで私は、もうひとつ、別の説を立ててみた。「家康、秀忠、家光という初期３代の徳川将軍にあった、愛と憎が絡み合う複雑な親子関係が、江戸城天守閣の頻繁な建て替えの一因を成しているのではないか」という新説である。

家康、秀忠、家光の複雑な関係と3つの天守閣

時系列的には逆転してしまうが、初めに、２代秀忠と3代家光の親子関係を点検してみよう。

２代秀忠以降の徳川将軍の墓は、上野寛永寺か芝増上寺にある。だが、３代家光の墓

所は江戸にはない。はるかに離れた日光に眠っている。祖父である家康が眠る日光東照宮に寄り添うように建つ日光山輪王寺《りんのうじ》に葬られているのだ。

その日光山輪王寺には、不思議な守り袋が残されている。いずれも家光自筆の文書が収められている守り袋である。

不思議な、というのは、「(自分が) 生きるも、死ぬも、何事もみな、大権現様次第《だいごんげんさま》」とか、「(自分は) 二世権現、二世将軍」という文書が収められているからである。

前者なら、「ああ、オジイチャンが大好きな孫だったんだな」でも済むが、後者には大きな問題がある。「二世将軍」とは2代将軍の意味だが、家光は間違いなく3代将軍だったからである。

つまり、「自分は祖父である家康の後継の二世将軍であり、死後も祖父にならって二世権現として眠る」と宣言しているようなもので、父である秀忠の存在は完全に無視している。秀忠の子であることが、よほどいやだったのであろう。

いやだった理由は、幼い頃に親から嫌われ、あわや、3代将軍の座を2歳年下の弟、忠長にさらわれてしまいそうになるという辛い幼年期を送ったからであった。

幼い頃の家光は物言いもはっきりせず、イジイジした子だったらしい。やや長じてからは、現代の暴走族のようなふる舞いも多くなった。側近を引き連れ、江戸城内で舞い狂い、ときには城外に忍び出ることもあったらしい。

一方、弟である忠長は、それと正反対の子供。しかも、兄弟の母で秀忠にとって頭の上がらない正室・お江与の方（信長の姪、淀君の妹）が忠長を溺愛したことから、次第に秀忠の後継者は忠長と見なす気配が濃厚になってきた。家光はひがむ。ひがみ、親を憎悪する。

そうした家光の苦境を救ってくれたのが祖父の家康であった。家光の乳母である春日《かすがの》局《つぼね》が駿府で直訴したからとも言われるが、駿府に引きこもっていた家康がしばらくぶりに江戸を訪れ、「秀忠の後継は家光である」と力強く宣言してくれたのである。さすがのお江与の方も家康には逆らえない。その瞬間、家光の後継の座は確定した。

だからこそ、「（自分が）生きるも、死ぬも、何事もみな、大権現様次第」「（自分は）二世権現、二世将軍」なのである。

このように、秀忠・家光の親子関係は、決して良好だったとは言えない。

父である家康を恐れ続けた？　2代秀忠

一方、初代家康と2代秀忠の親子関係である。私はこの親子にも負の緊張関係があったと考えているが、それを証明するのは難しい。というのは、表面的には家康は秀忠を庇護し、秀忠は家康を畏敬するという「理想的な親子関係」があったように見えるからである。

秀忠は家康の三男として生まれた。長男が織田信長の長女徳姫を娶《めと》った信康、その15歳年下の次男が徳川家から豊臣家へ養子に出された秀康、秀康の5歳下の弟が秀忠という順になる。なお、秀忠の下には多数の弟がいる。

群を抜いて年長であり、家康の正室（築山殿《つきやまどの》）が生んだ唯一の男子であり、さらには家康にとっての盟主とも言うべき織田信長の長女を娶っていた信康が家康の後継者になることは、本来なら揺るがないはずであった。が、信康は岳父信長に武田家との内通を疑われ、信長に命じられた家康は、泣く泣く信康を切腹させることになってしまう。こうして、信康切腹の時点で、家康には6歳の秀康と1歳の秀忠が残された。

武家の相続には嫡庶《ちゃくしょ》の違いが重視される。正室の子である嫡子の方が、側室の子である庶子より優先順位が高いのである。たとえ嫡子の方が年下でも優先順位は高くなる。

だが、秀康、秀忠ともに側室の子であった。嫡庶の違いによる優劣はない。しかも、当時は数え年の時代であり、１歳の子とは、生まれて間のない赤子を意味する。であるなら、後継は６歳の秀康。誰が考えてもそうなるだろう。

しかしながら、家康は秀忠を自分の後継に指名した。具体的には、代々の徳川家（松平家）の世継ぎが名乗る竹千代という幼名を生まれたばかりの秀忠に与えたのである。さらに、豊臣秀吉の求めに応じ、秀康を11歳で豊臣家の養子に出した。例外はあるが、他家の養子になった息子が実家の跡を継ぐケースは稀である。秀忠の後継の座はさらに堅いものになった。

ところが秀忠は、せっかくの家康の庇護を無にする愚挙を演じている。関ヶ原合戦のとき、東海道を進んだ家康と別れて中山道を進撃した秀忠は、途中の信州上田城の真田家に翻弄され、結局、関ヶ原での決戦に間に合わなかった。

しかしながら、この大失態に際しても、秀忠を廃嫡して兄・秀康を後継に推す家臣団の声を抑え、家康は秀忠を擁護。征夷大将軍になった2年後には、将軍の座をあっさりと秀忠に譲っている。

ここまで厚い庇護を与えられた秀忠が父である家康に深く感謝し、家康を尊敬し、畏怖の念を持つのは当然のことである。これまでは、そう説明されてきた。だが、その解釈には疑問がある。

家康が秀忠を後継者にすることにこだわったのは、大坂に生き残っている豊臣家をたたき潰し、徳川家の懐に飛び込んできた天下の権を盤石なものにするという難しい政治課題をやり遂げるためには、息子たちにすべてを任せておくわけにはいかなかったからだと考えられる。

自分の目の黒いうちは、自分が采配を振るわなければならない。そのためには、自分の意向に逆らわない素直でおとなしい息子こそが望ましい。「武勇絶倫、知謀淵深」と言われた秀康などを後継者にしたら、まず、自分の命じるままには動かないであろう。

第一、豊臣秀吉の養子だった秀康は豊臣秀頼の義兄でもあり、東西手切れの暁には大坂の秀頼を守って父に敵対する可能性もあった。実際、秀康にはそうした言動がしばしばあったのである。だが、秀忠なら、我を立てることなく父の言うがままに動く。

事実、最初の江戸城天守閣が完成した直後、前述のように家康は重臣団、官僚団を連れて駿府に移り、駿府から天下を動かした。手違いで江戸の秀忠が駿府発の政策とぶつかるような将軍命令を布達することもあったが、家康に叱り飛ばされ、あわてて布達したばかりの命令を撤回させられた。征夷大将軍の面目、丸つぶれである。秀忠としては愉快ではない。世間も父親の傀儡《かいらい》としか見ない。男子としては、相当に辛いことではないだろうか。

ならば、少しは反抗してもいいではないかという意見もあるかもしれないが、それができなかった。なぜなら、秀忠は父である家康を恐れ警戒していたからにほかならない。私にはそう思える。

家康が亡くなったとき、もちろん秀忠は悲しんだであろう。だが、同時に解放感も味わったのではないか。その解放の喜びは、父を失った悲しみを凌駕《りょうが》するものがあったのではないだろうか。

私が持ち出す〝新説〟というのは、まさにこの点に依拠している。すなわち、秀忠も家光も先代の強い威光が残る天守閣を破壊し、自分なりの城、自分なりの天守閣を築きたいと熱望していたということである。壊し、築くことで負の要素もあった親子関係を再調整し、そのなかで心理的にも父を凌《しの》ぎ、その呪縛から自由になる。

「そんなささいなことで、改修改築を考えたりするわけはないだろう」

「その発想はちょっと、人間くさすぎる」

と批判される方もいらっしゃるかもしれない。が、父と子の関係は、本来、合理性や効率性だけでは説明できないもの。もっともっと、複雑微妙な感情が入り交じる人間関係ではないだろうか。

この3代の将軍の内に秘める愛と憎の複雑な人間関係こそが、幻の3つの天守閣が生まれた、ひとつの、それも大きな要因なのではないか、と私は察するのである。

明暦の大火で焼失した3代目天守閣

改築、再建を繰り返すことによって祖父と父と子が3代にわたって磨き上げてきた天守閣が焼失したのは、明暦3年（１６５７）のことだった。いわゆる明暦の大火である。明暦の大火の別名は「振袖火事」。優雅な呼称だが、実は、不気味な別名ともいえる。というのは、ある町娘の怨念が引き起こした火事だと伝えられているからである。

本郷丸山の本妙寺の美しい寺小姓《てらこしょう》に恋い焦がれ、若くして死んだ町娘がいた。その娘を供養するため、生前に使った振袖を燃やしたところ、突風が吹いて火のついた振袖が天高く舞い上がり、寺の本堂に落ちて出火。その火が、江戸の町へと燃え広がって未曾有の被害をもたらしたというのだ。

怨念とか火のついた振袖が舞い上がったというのは眉唾だが、最初の火元が本妙寺であったことは間違いないようである。一時は鎮火したが、消火が不十分だったのだろう。やがて江戸の町の３カ所からまた火の手があがり、最終的には延焼面積も死者の数も江戸時代最大の被害をもたらしてしまった。

なにしろ、諸説はあるものの、犠牲者は3万人から10万人と記録されている。家屋の焼失もひどく、江戸の市街地の６割が焼けたといわれている。

これらの被害は江戸の三大大火（あとふたつは明和および文化の大火）の筆頭として

挙げられるものだ。火災としては、東京大空襲、関東大震災などの戦禍・震災を除けば、日本史上最大のものである。「火事と喧嘩は江戸の華」と言われるが、とんでもない大火が江戸の町、そしてその中心にある江戸城を襲ったのである。

とりわけ江戸城外堀の内側の被害はものすごく、江戸の中心部に固まっていた家康入府以来の町人地はほぼ全滅した。同じく、外堀の内側に設けられることが多かった大名屋敷もほぼ全滅であった。

外堀の内側の被害がひどかったということは、江戸城内も甚大な被害を受けたことを意味する。西の丸を除き、本丸も二の丸も三の丸も焼失してしまった。もちろん、天守閣も焼け落ちた。

つまり、天正18年（1590）の家康入府以来、徳川氏が営々と築き上げてきた江戸の町が、この火事によってほぼ全滅したのである。まことに残念極まりない。

保科正之が決断した「天守閣再建の無期延期」

復興の指揮を執ったのが、時の将軍・家綱の叔父であり、後見人でもあった保科正之である。

正之は、父である2代将軍・秀忠の隠し子として生を受け、世に隠れるように育ってきた。3代将軍・家光の腹違いの弟であり、のちにこれを知った家光により存在が公認され、目通りも許される。会津若松藩主に任じられて23万石もの領土を与えられ、徳川家の一族として処遇されることになった。

幼い頃からの苦労がよい方に出たのか、これが実によくできた人物で、まさに名君・名臣の名に恥じない人であった。もちろん、大火後の復興にも名臣ぶりを発揮した。なにしろ、第一に心掛けたのが、焼け出された江戸町人の救護だったのだ。

正之は、大火後には速やかに、1日に1000俵の炊き出しを行い、16万両という大金を町人たちに分配した。1両が現在のいくらになるかは諸説あるが、1両を30万円で換算すると480億円にものぼる。将軍家の都合より町人の救済を優先したのである。

あわせて、江戸の都市改造も果断に行い、御三家の屋敷を江戸城外に転出させるとともに、武家地、寺社地を移動させるなど町割りを大きく変更。防衛上の理由から、それまで千住大橋のみだった隅田川に両国橋を架橋し、対岸の深川に市街地を拡大するなどの策を進めた。防災のため、延焼を食い止めるための〝火除地《ひよけち》〟や〝広小路《ひろこうじ》〟などを設け、燃えやすい板壁・板葺《いたぶき》に代わる土蔵造や瓦葺屋根により、不燃化を奨励したのも大火を踏まえての施策であった。

もちろん、将軍家の住居であり、幕府の政庁でもある江戸城を焼失したままにしておくわけにはいかないから、順次、江戸城の再建にも手をつけている。天守閣再建の基礎工事にも着手し、今も残る天守台は、加賀藩前田家に命じた天下普請によって完成させた。だが、その段階で保科正之がストップをかけたのである。

「日々の生活や政治のために不可欠な城郭の再建はやむを得ないことである。だが、今は非常時。日々の生活や政治に無縁な天守閣再建は急ぐ必要はない。大火の後始末をやり遂げてからで十分じゃ。それまで延期する」

当然、この決断に反対する人も多かったとは思うが、保科正之は断行した。こうして天守閣のないままに江戸城は再建されていった。

ここでご注目いただきたいのは、正之が決断したのは「一時中止」だったということである。決して「天守閣不要」を唱えたのではない。だが、その後、幕府財政は年々、悪化していった。そのため、「一時」が長引き、ついには「無期限延期」になってしまったのである。

会津藩名君・保科正之という傑物

保科正之は、調べれば調べるほど興味のわいてくる人物である。傑物としか表現できない人物なのだ。米沢藩の藩主だった上杉鷹山《ようざん》と双璧をなす名君と言えるのではないか。

将軍後見役としての正之の事績の第一は、明暦の大火によって被害を受けた江戸の町人たちに手厚い救いの手を伸べたことが挙げられる。だが、それ以外にも注目すべき事績が多い。たとえば、末期《まつご》養子の禁を緩和したことであった。

末期養子とは、大名や旗本が危篤状態に陥ってから慌てて跡継ぎの養子を立てることである。正之以前は、幕府によって厳禁であった。そのため、跡継ぎのないままに死去する大名が多く、それによって取り潰しにあう大名が後を絶たなかった。

実のところ、無嗣断絶《むしだんぜつ》（跡継ぎ不在のための取り潰し）こそ、大名取り潰しの最大の理由であった。末期養子の禁が緩和されると無嗣断絶は激減し、大名の取り潰しも大幅に減少する。人道主義というか、情のある取り計らいであった。さすが、保科正之である。

会津藩においては、藩主として他に類を見ないほどの実績を挙げている。

まず、藩領の産業の育成と振興に努め、多大の成果を挙げた。升と秤の規格統一を成し遂げ、飢饉の際の領民救済を目的に食糧を備蓄する社倉制を創設した。90歳以上の老人には身分の上下に関係なく終生、一人扶持《いちにんぶち》（1日に男性は米5合、女性は3合）を支給する制度をつくった。これは、日本の年金制度の始まりとも言われている。

学問も奨励した。「稽古堂」と呼ばれる藩学を設け、藩士や藩士の子弟の教育に力を注いだ。稽古堂は後に「日新館」と名を改め、文武ともに諸藩の藩校の最高峰と称えられるようになった。なお、日新館の流れをくむ現在の福島県立会津高校は、「日新館会津高校」とも呼ばれ、親しまれている。

幕末、京都守護職に就任した会津藩主松平容保《かたもり》の供をして京の都に入った会津藩士を人々が大歓迎して迎えたのは、知的レベルが高くしかも尚武の気風を備えているという世評が定着していたからである。

こうした善政の基盤となったのが、朱子学と神道であった。会津松平家は神道を信仰していたのである。ただ、朱子学を重んじるあまり、保科正之は古学や折衷学といった儒学の他流派を弾圧した。多少の失政もあったようだ。

さらに、兄である家光の計らいで世に出ることのできた正之は、それを深く恩に感じ、「将軍家のために身命を尽くせ。将軍家に二心を抱くものは我が子孫にあらず」という遺訓を残し、それが会津松平藩の家訓となった。

幕末、火中の栗を拾う覚悟で会津藩主が京都守護職の任を受け、1000人を超える会津藩士が京に常駐することになったのも、戊辰戦争で最後まで幕府側に立ち戦ったのも、正之の残した遺訓、家訓を守るためだったといわれる。

この名君、保科正之が江戸城天守閣の建設延期という、当時の幕閣の決断を導いたのである。こうして江戸城天守閣はその姿を消し、歴史上の幻となった。

あの新井白石も天守閣再建を提起した

ところが、この幻の江戸城天守閣の話には、もうひとつおまけがある。

江戸時代中期の政治家・学者として名高い新井白石をご存じだろう。一介の無役の旗本でありながら、6代将軍徳川家宣《いえのぶ》の侍講《じこう》（君徳の要請・啓発のために将軍に講義する人）として幕政を実質的に指導し、「正徳《しょうとく》の治」と呼ばれる政治改革を推進した儒学者であり政治家である。

正徳の治とは、儒学的理念で元禄期の政治の乱れを正し、財政再建を図ることを目的とした。具体的には、①生類憐《しょうるいあわ》れみの令廃止②貨幣改鋳③年貢の増加④正徳新令（貿易額の制限）などを実行したが、政権の蚊帳の外におかれた譜代大名との軋轢を生み失脚してしまう。

さて、この白石は、明暦3年（1657）、江戸城が焼失した大火の翌日、焼け出された避難先で誕生したという。何やら江戸城天守閣とは因縁めいたものを感じずにはいられない。

当時、将軍が交代すると隣国朝鮮からお祝いの使者がやってくるのが慣例だった。豊臣秀吉の朝鮮征伐以来の悪化した対日感情を、家康一流の外交手腕でやわらげ、こうした儀式を恒例化したのだろう。

ところが、白石という人物は、特に有識故実《ゆうそくこじつ》に明るく、何よりも形式を重んじる堅物だった。

「大体、家康公以来、朝鮮の使節を礼遇しすぎ、朝鮮になめられているきらいがある。それは幕府の人間がモノを知らないからだ。この際、国威を発揚するため、使節の待遇を、足利、豊臣時代のしきたりに従って一変する必要がある」

こう言って、使節の待遇方法をすっかり変えてしまう。

正徳元年（１７１１）10月18日、朝鮮使節団が江戸に到着したとき、真新しい城門が江戸の入口にできていて彼らを驚かせた。

「朝鮮の首都には立派な城門がある。それにも劣らぬものを造って、あなどられぬようい。

「にしなくてはならない」

というのが白石の考えだった。現存する桜田門と同じような立派な門構えだったらしい。

こうした体裁を重んじる権威主義者の白石が、天守閣の復興を思いついたとしても不思議ではない。白石は正徳元年（1711）に天守閣復興計画を具体化していく。

この計画は、寛永度天守閣の図面をもとにしたもので、石垣の上に5層5階、石垣の中に1階、最上階の屋根に鯱鉾《しゃちほこ》を置き、唐破風《からはふ》、千鳥破風《ちどりはふ》（破風は屋根の葺き下ろした妻の側につける装飾で、唐破風は曲線状、千鳥破風は三角形の形状をしたもの）を配した造りで、腰壁は銅板張りという立派なものだ。

さらに、かなり詳しい計画見積書も残されている。あの寛永度天守閣の建地割図を保存していた幕府の御用大工の甲良家の関係者が書いた「文昭院様御沙汰ニ付御天守覚」という古文書がそれだ。ちなみに文昭院というのは、家宣の死後の呼び名である。

これには瓦の枚数、鋲の本数、所要の人数、日数から人件費がいくらかかるかなどが、詳しく記載されている。

　しかしながら、この白石の計画に対して、「体裁や権威のために天守閣が必要なのか」「実用性がないのではないか」「財源をどう捻出するのか」といった反対論が噴出する。そのうえ、白石の保護者である家宣が早世してしまったために、実現には至らなかった。「正徳の治」と呼ばれる政治改革で名高い白石であったが、こうした失敗に対しては、「しょせん学者であって政治家ではなかった」（徳富《とくとみ》蘇峰《そほう》）という厳しい評価もある。

　こうして「もうひとつの幻の天守閣構想」は、水泡に帰した。しかし、あの高名な改革者新井白石が江戸城天守閣再建を提起した事実は大きい。白石は外交の手段としても江戸幕府の政治的権威を朝鮮に示すことは重要だとして、つまり、平和の手段として天守閣再建を思い立ったのである。平和の時代の天守閣の存在意義が、ここにも見いだせる。

　戦国の世から泰平の世へ、中世から近世へという日本史上の大転換期にパックス・トクガワーナの象徴的存在として江戸城天守閣が果たした役割はきわめて大きい。なにしろ江戸期の日本は、２６０年以上もの間、一度も戦争を経験しないという世界史上の奇跡を達成してのけたのだから。

　そしてそれはまた、明暦の大火の折、何よりも江戸庶民のことを考え、天守閣再建を延期した保科正之の温情あふれる決断に、現代の〝八っつぁん、熊さん〟が微力を合わせて報いるということでもある。私たちは時空を超えて、その復元を成し遂げることにより、過去、現在、未来をつなぎ、江戸＝東京人、さらには日本人のアイデンティティーを確立する一助とすることができるのではないだろうか。

第４章

こうすれば天守閣は復元できる！

「完全復元」「民間資金」の大原則

天守閣の復元にあたっては「どんな形でも、どんな方法でもよい」というわけではない。そこには大義が求められる。

私は、まずふたつの原則を立て、その原則をできるかぎり守るなかで復元をしなければならないと決意している。

重要なことなのでその原則をまとめて再述しよう。

【その1　寛永度天守閣の完全復元】

寛永15年（１６３８）、徳川3代将軍・家光が造営した（全面改築）寛永度天守閣を当時のままに完全復元する。つまり、鉄筋コンクリートの偽物の天守閣などは絶対に建てないということである。そのため、私は「再建」だけではなくあえて「復元」という言葉を多用している。なお、大御所・家康が建てた慶長度天守閣でも2代将軍・秀忠が建てた元和度天守閣も江戸城天守閣ではあるが、そのふたつの天守閣の詳細は不明である。これに対して、寛永度天守閣は絵図面や屏風絵などが今に残り、現代の詳細な設計図ほどではないが、全容がほぼ解明されている。したがって、寛永度天守閣の「復元」を目指す。

【その２　民間資金での復元】

復元に必要な資金は、税金は使わずにできるかぎり民間の浄財、寄付、融資によって賄う。個人の寄付でもいい。あるいは企業・団体からの寄付でもいい。金融機関からの融資でもいい。さらには、現品の寄付や労力奉仕も受け付ける。たとえば、檜材や石材の寄贈があれば幸いだし、宮大工やその他の職人の奉仕があれば、総工費が節約できる。それらを総合し、公共事業ではなく民間主導で、つまり官民連携事業（ＰＰＰ）として江戸城天守閣を復元する。

これが私の立てた２原則である。

疑問を感じる方もいるだろう。

「今から400年近く前に建てられた通りに復元することなんて可能なのか」

「そんな技術など残っていないのではないか」

「民間資金だけで天守閣を復元するなど可能なのか」

いずれももっともな疑問ではある。

私は、これまでさまざまな情報を集め分析することで、その疑問に対する回答を準備してきた。そのうえで江戸城天守閣の復元を掲げて始動したのだが、復元事業の根幹にかかわるきわめて重要な疑問だけに、自分の足を使い、現場でさらに突っ込んで可能性を探ってみることにした。

具体的には、過去に天守閣を再建した城、大幅修繕した城、将来天守閣の復元を目指す城を訪ね、関係者と意見交換し、現地現場で取材を試みたのである。

最初に訪ねたのが姫路城だった。

当時、姫路城はちょうど平成の大改修の最中であり、その改修の実態を調査すれば、江戸城天守閣を復元することが可能かどうか、つまり、復元のための技術や材料が今も生き残っているかどうかを探ることができると考えたのだ。

次には大洲城を訪ねた。愛媛県にある大洲城の天守閣は、平成の時代に資料に基づいて忠実に木造で復元した第1号の天守閣である。その実現過程を調査すれば江戸城天守閣の復元に向けて大きな参考になると考えたからだ。

ちなみに、天守閣の再建について言う場合、「復興」は元の外観や建築様式に基づかないケースを意味し、写真や絵図・図面などの資料によって、ほぼ旧状通りに再建したものだけを「復元」と呼んでいる。また、戦国盛期の山城など、もともと天守閣がなかった城に、観光目的などで天守風の構築物を造る場合もあり、こちらは「模擬天守閣」などと呼ぶことが多い。

それによれば、大阪城や信長〝天下布武〟の岐阜城などは復興、九州の平戸城や唐津城などは模擬天守閣であり、とりわけ京都の伏見桃山城、〝一夜城〟で名高い墨俣《すのまた》城、熱海城をはじめ「博物館や記念館を造るなら天守閣風のものを」と築かれた模擬天守閣は各地に多数存在する。それはそれで意味のあることだが、天守閣本来の意味を混乱させている側面がないこともない。我が江戸城天守閣の再建について言えば、これはもちろん、建地割図と呼ばれる当時の図面に基づく、堂々たる「復元」を目指している。

そして、最後に名古屋城も訪ねた。本丸御殿の復元計画が進んでいるのを知り視察したのだ。さらに平成27年（2015）、河村たかし市長が既存の鉄筋コンクリート製の天守閣から木造天守閣に建て替える計画を公表し、現在進行中なのである。

「中国大返し」舞台になった姫路城の歴史

姫路城は歴史的に名高い城である。戦国期には黒田家の居城（当時は姫山城）があった。豊臣秀吉の謀将として活躍した黒田如水《じょすい》（官兵衛）の黒田家であり、関ヶ原合戦の後には筑前（福岡県）福岡52万石の大大名として転封されたあの黒田家である。黒田如水の生涯を描いたNHK大河ドラマ「軍師官兵衛」を覚えている方も多いと思う。

播磨国（兵庫県）の地方豪族・小寺家の家老だった黒田如水は、天下人への道を歩き始めた織田信長の力に着目し、主君である小寺政職《こでらまさもと》を説いてその織田信長の傘下に入ることになった。といって信長自身が播州まで出張ってきたわけではない。信長が派遣してきた羽柴（豊臣）秀吉の組下になったのである。秀吉は如水の姫路城を中国筋攻略の

【姫路城】

平成5年（1993）法隆寺とともに日本初の世界文化遺産となる。シラサギが羽を広げたような姿から白鷺城の別名を持ち、城壁は白漆喰総塗籠造り。5層7階の大天守閣と3つの小天守閣は渡櫓で連結されている。
（写真提供／姫路市）

根拠地にした。つまり、事実上、秀吉の城になったのである。

秀吉は姫路城の改修を行って城を石垣で囲い、3層の天守閣も設けた。秀吉時代のその石垣の一部は、今も残っている。本能寺の変の直後、備中（岡山県）高松で毛利氏と対峙していた秀吉は、急遽、畿内に戻ることになった。世に名高い「中国大返し」である。その際、秀吉はまず姫路城に入り、そこで全軍の態勢を整え、そのうえで明智光秀との対決に出陣した。

関ヶ原合戦の後、その姫路城を与えられたのが、池田輝政であった。播磨一国52万石をそっくり付けられて姫路城の主となったのである。その際、家康は輝政に、全く新しい城を築くように命じた。

輝政の父である信輝（恒興）は織田信長の乳兄弟（信輝の母は信長の乳母だった）であり、織田家では筋目の正しい家柄であった。関ヶ原合戦に勝利して天下人になった徳川家康にとっては、まぎれもなく外様大名である。ところが、家康は新しい姫路城を西日本の大名たちを動員した天下普請で築くよう命じた。

外様大名の居城なのに、家康の命で天下普請になったのはなぜか。実は、家康は次女督姫を輝政の継室（後妻）として嫁がせたのである。家康は娘婿である池田輝政を実の子と同じように扱い、西国の鎮《しず》めにしようと目論《もくろ》んだのであった。

輝政の後は外孫（督姫の息子たち）たちに領地を分有させ、親藩と同じような働きをさせればいい。そこで輝政の新しい居城になる姫路城は天下普請で築城させる。家康の天下平定戦略の一環だったのであろう。

その後、池田家が去った後の姫路城は徳川家の親藩・譜代大名の城となり、寛延２年（１７４９）には譜代筆頭の酒井家（雅楽頭《うたのかみ》酒井家）が姫路城に入り幕末まで続いた。一貫して西国の鎮めとして期待され続けていたのである。

姫路城修復で生きた瓦、左官職人たちの技術

姫路城の歴史があまりにも面白いので脇道に入りすぎてしまったが、本筋に戻そう。

取材をお願いしたのは、公益財団法人・文化財建造物保存技術協会の「国宝　姫路城大天守閣　設計監理事務所」の加藤修治所長（当時）。加藤さんは開口一番、「今回の修

復は、昭和の大修理に比べれば規模の小さな部分修復です」と切り出した。

昭和の大修理とは、昭和10年（１９３５）から始まった超長期にわたる修理である。途中、戦争で中断され、昭和31年（１９５６）から、修復工事が再開された。その際、大天守閣は完全に解体された。瓦はすべて外され、壁や軒に塗られた土と白漆喰もすべて剥がされ、木組みだけになった大天守閣をことごとく解体し、基礎工事からやり直し、その上に今の大天守閣を組み直し、改めて土や漆喰が塗られたのである。

今回は、白壁の全面修理や木組みの解体などは行わず、漆喰の塗り替えと瓦の葺き替えが中心の修復になる。

「最初の1年は大変なことになると思いました」と加藤さん。

最初の1年とは、平成20年（２００８年）から始まった1年間の準備期間のことらしい。翌年から修復作業が始まり、平成27年（２０１５）に無事、完了させた。

準備期間に実施した調査により、今回の修復の概要が策定された。まず、修復中の大天守閣を守るために全体を素屋根（工事中の大天守閣を保護するための仮設の屋根）で覆い、その上で瓦をすべて外す。外してまだ使えるものは、瓦にも塗られている白漆喰を塗り直してまた使う。使えそうもないほど割れたり、ひびが入ったものは、新しく焼いた瓦と取り替える。

　こう書くと、たいしたことはないように思われるかもしれないが、大天守閣の屋根に敷かれている瓦は全部で８万５０６枚もあるという。また、新たに焼く瓦は、大阪と奈良の境界に位置する生駒山中にある瓦屋さんが担当したが、普通に焼くと銀色に黒光りする瓦になってしまうらしい。白鷺城《しらさぎじょう》の異名を持つ姫路城の場合、それでは困る。

　そこで瓦を焼いている途中で空気を入れ、黒光りの原因となる炭素の吸着を防ぐ。窯のなかは見えないから勘で吸着予防の程度を判断する以外にはない。焼き続けて１週間後、窯から注文通りの瓦が姿を現したときには、瓦焼きの職人さんたちは胸をなでおろしたそうだ。

「８万５０６枚のうち、何枚の瓦を取り替えることになるんですか」と尋ねると「まだわからないんです」という返答であった。全部外してみないと、何枚になるか、この時点ではわからなかったのだ。なんと、大変な作業である。

　屋根瓦を修復するだけでは終わらない。瓦の下に敷かれている木の下地（土居葺《どいぶ》き

【8万枚の瓦を撤去】

大天守五重屋根の瓦を撤去する様子。8万枚以上の瓦のうち損傷のないものは汚れを除去、研磨したうえですべて再利用された。

【50年ぶりの修復工事】

姫路城大天守閣の修復工事は平成21年度（2009）～平成26年度（2014）にかけて行われた。昭和39年（1964）の「昭和の大修理」以来約50年ぶり。瓦を撤去した状態を取材する著者（左）。

写真提供・取材協力／姫路市（上下とも）

地）も傷んでいるものは交換しなければならない。出来の悪かった瓦の下になる軒や土壁には、水捌《みずは》けがうまく働かずに雨水が染み込んでいることが多く、そこは腐食している。もちろん、腐食していれば土も白漆喰も剥がし落として塗り直す。部分修復でこれだけ大変なのだから、昭和の大修理はいかに大変だったか、想像に難くない。

多数の職人さんが修復作業を続ける現場を案内していただきながら、私は加藤さんに最もうかがいたかった質問をぶつけてみた。

「これだけ大変な作業なら、この仕事に自分から飛び込んでくる若者って少ないんじゃないですか。後継者は大丈夫ですか？」

「あと１００年ぐらいは大丈夫です」

と前向きの返答があった。しかしその後はどうなるのか。改めて尋ねてみた。

「城郭などの歴史的建造物の修復は、実は、さまざまな職人技が総合されて成り立っているんです。今回の修復は瓦を焼く職人、瓦を葺《ふ》く職人、そして、壁を塗る左官職が主体となっています。でも、もっと徹底した修復をやる場合には、その他、宮大工、石垣を修復する石屋、板金屋、鳶職、設備屋が必要になります。設計屋や時代考証の専門家も必要です。そのどれが欠けても、昭和の大修理のような修復作業は不可能になるでしょう。だから、職人技というのは経験がものを言います。経験を積む機会が減れば、いい職人は自動的に少なくなります」

やや寂しそうな口調になった加藤さんに、私は自分が考えている江戸城天守閣復元の話をした。その目的のひとつが歴史的な木造建築技術の伝承にあることを伝えると、加藤さんはとても喜んでくれた。

バリアフリーにも配慮した柔軟な発想での復元に挑む

周囲の人々はどう思っているかはわからないが、私は自分を比較的柔軟な発想のできる人間だと思っている。原理原則を守ることは重要だが、それにとらわれすぎて瑣末なところにまで原理原則を貫いて好ましくない結果を招くことは避けなければならない。

江戸城天守閣の復元作業においても、柔軟な思考が必要になると考えている。

これまで何度も、「寛永度天守閣を造営したのと同じ木造建築技術を用い、当時のままに復元しなければならない。鉄筋コンクリートによる再建など、とんでもない」と述べてきたが、これはあくまで原理原則である。地震や火事などの万一の災害に対する備えは、最新の技術を用いて徹底すべきであろう。

そのために必要なら、部分的に鉄骨などで耐震補強をするのもやむを得ない。

また、高齢者や障害者の皆さんたちも見学に訪れることになるのだから、どうしても必要なところには部分的にスロープやエレベーターを付け、バリアフリー化するのもやむを得ないことであろう。落下防止のための安全柵をめぐらすのも必要になる。そうしたことを忌むほど私の頭は固くない。

ただし、できる限り目立たないような工夫はすべきで、歴史的な美観を損ない、興をそがないように配慮すべきだろう。また、建築素材についても、100パーセント、当時の素材にこだわるつもりもない。天守閣の耐用年数を増すような新しい技術があるなら、それを活用することもあり得る。加藤さんは、その考えにも賛同してくれた。

「私、姫路城の仕事をする前は、10年間、平城京の大極殿の復元にたずさわっていました。実は、そこに子供が落ちたら危ないなあ……という基壇《きだん》（基礎の石積み）がありまして、新たに安全柵で囲うことにしました。ただし、透明なアクリルでできた安全柵です」

つまり、歴史的な美観を損なわないよう、ギリギリ配慮した安全対策である。江戸城天守閣の復元の際にも、そうした工夫、配慮は必要になると考えている。

姫路城修復工事は有意義な取材であった。得難い知識やアドバイスを得ることができたし、「文化財建造物保存技術協会」という貴重な専門家の集団と接触を持つこともできた。

何よりも、匠の技術はあと100年くらいは大丈夫という保証を得たことが嬉しい。その後はどうなってもいいというわけではないが、とにかく、江戸城天守閣は技術的には、寛永時代のままに復元できるという見通しが立ったのである。

現在まで生き延びた天守閣はわずか12

徳川家康が戦国時代の最終的な覇者になったとき、いったい、いくつの城が残っていたかは、正確にはわからない。もちろん、古代から中世にかけてごまんとあった城のほとんどは姿を消し、すでに城跡と化していたことは間違いないだろう。時代の荒波のなか、すでにその多くが破却（整理）されていたのである。

だが家康は、さらに城の破却を押し進めようと図った。慶長20年（1615）に発布した「一国一城令」である。ここで言う「一国」とは、武蔵国などの令制国《りょうせいこく》のことではない。一人の大名が領有している領土を意味する。

つまり、「一人の大名はひとつの城しか持つことができない」という規則を発布したわけである。

それまでは一人の大名は主城以外にも支城や付城《つけじろ》などを持つことが許されていたが、わずかの例外を除き、主城以外はすべて破却された。わずかの例外とは、たとえば徳川御三家である。御三家には、尾張家の成瀬と竹腰、紀州家の安藤と水野、水戸家の中山という家康派遣の付家老《つけがろう》（本家から監視・監督を命ぜられて配された家老）が存在したが、正規の大名ではないにもかかわらず、彼らはいずれも城持ちであった。

この「一国一城令」によって全国の城の数は２００をやや超える程度まで減少した。江戸時代の大名の数は「三百諸侯」と表現されることが多い。だったら３００近い城があってもよさそうなものだが、大名のなかには「無城」と呼ばれ、城を持つことが認められない最下級の大名もおり、彼らは城の代わりに館を持った。館のなかには城と見まごうほどのものもあったが、ほとんどは、とうてい城と呼ばれるに値しないものであった。それを引いて、２００をやや超える程度ということである。

次に大規模な城の破却が行われたのは、明治6年（１８７３）の、明治政府によるいわゆる廃城令の発布であった。２００余の城が数年かけて次々と民間に払い下げられ、そのほとんどが解体されて薪になってしまった。まことに残念である。

もちろん、各地にあった天守閣も解体の憂き目を見た。その結果、昭和20年（１９４５）まで生き残った天守閣は、わずか20にすぎない。しかも、そのなかの水戸城、大垣城、名古屋城、和歌山城、岡山城、福山城、広島城は昭和20年の空襲で焼け落ち、昭和

24年（１９４９）には松前城が失火で焼け落ち、現在は12の天守閣が生き延びるのみである。

その12とは、弘前城（青森県）、松本城（長野県）、犬山城（愛知県）、彦根城（滋賀県）、丸岡城（福井県）、姫路城（兵庫県）、備中松山城（岡山県）、松江城（島根県）、伊予松山城（愛媛県）、宇和島城（愛媛県）、高知城（高知県）、丸亀城（香川県）である。

城郭は他の歴史的建造物と異なり、軍事施設兼政治行政庁であったがために、政権交代や革命が起きると過去を否定し新時代を正当化するために破壊、消却される運命を持っていたと言ってもいいだろう。残念ながら、それが城郭の宿命でもある。

このように城が生き延びることが難しい時代が続いたが、やはり城には私たち日本人の心をくすぐる「何か」があるらしい。

昭和に入ると天守閣の復興、復元を願う声が高まり、各地で天守閣の復興、復元が行われるようになった。ただし、それは鉄筋コンクリートによる復興であった。

最初は、昭和６年（１９３１）の大阪城である。その後はやや間が空き、戦後の復興期、高度経済成長期に、いずれも鉄筋コンクリートの城が次々と復興されていく。

【現存する12の天守閣】

弘前城　青森県弘前市　重要文化財
別名・高岡城
築城者・津軽信牧
築城年・慶長16年（1611）
天守成立年・文化7年（1810）
3層3階

松本城　長野県松本市　国宝
別名・深志城、烏城
築城者・島立右近貞永
築城年・永正元年（1504）
天守成立年・文禄2年（1593）※諸説あり
5層6階

丸岡城　福井県坂井市　重要文化財
別名・霞ケ城
築城者・柴田勝豊
築城年・天正4年（1576）
天守成立年・慶長18年（1618）※諸説あり
2層3階

丸亀城　香川県丸亀市　重要文化財
別名・亀山城
築城者・生駒親正
築城年・慶長2年（1597）
天守成立年・万治3年（1660）
3層3階

備中松山城　岡山県高梁市　重要文化財
別名・高梁城
築城者・秋庭重信
築城年・仁治元年（1240）
天守成立年・天和3年（1683）
2層2階

高知城　高知県高知市　重要文化財
別名・鷹城
築城者・山内一豊
築城年・慶長8年（1603）
天守成立年・寛延2年（1749）
4層6階

※「天守成立年」は現存する天守が完成した年
※築城年などは諸説あるものが含まれるが、地元自治体の公式HPなどを参考にした

犬山城　愛知県犬山市　国宝
別名・白帝城
築城者・織田信康
築城年・天文6年（1537）
天守成立年・慶長6年（1610）頃
3層4階

彦根城　滋賀県彦根市　国宝
別名・金亀城
築城者・井伊直継
築城年・元和8年（1622）
天守成立年・慶長11年（1606）
3層3階

姫路城　兵庫県姫路市　国宝
別名・白鷺城
築城者・赤松貞範
築城年・正平元年（1346）
天守成立年・慶長14年（1609）
5層6階

伊予松山城　愛媛県松山市　重要文化財
別名・勝山城、金亀城
築城者・加藤嘉明
築城年・慶長7年（1602）頃
天守成立年・安政元年（1854）
3層3階

松江城　島根県松江市　国宝
別名・千鳥城
築城者・堀尾吉晴
築城年・慶長16年（1611）
天守成立年・慶長16年（1611）以前
5層6階

宇和島城　愛媛県宇和島市　重要文化財
別名・鶴島城
築城者・藤堂高虎
築城年・慶長6年（1601）
天守成立年・寛文11年（1671）
3層3階

主なものを列挙するなら、昭和29年（1954）の岸和田城（大阪府）、昭和31年（1956）の岐阜城（岐阜県）、昭和33年（1958）の和歌山城（和歌山県）と広島城（広島県）、昭和34年（1959）の名古屋城（愛知県）、昭和35年（1960）の小田原城（神奈川県）と熊本城（熊本県）、昭和36年（1961）の松前城（北海道）、昭和41年（1966）の岡山城（岡山県）である。

つまり、「昭和は鉄筋コンクリート」ということになる。

ところが、平成に入り、状況は一変する。平成6年（1994）には掛川城天守閣（静岡県）、平成16年（2004）には大洲城天守閣（愛媛県）が、いずれも木造で復元された。

「平成は木造」である。

しかも、現在、鉄筋コンクリートの「昭和の城」の多くは耐震改修が必要な時期を迎え、木造への建て替えを検討しているところが少なくない。時代の流れは「木造」に傾いていると断言しても過言ではないと思う。我が意を得た思いである。

全国からの寄贈木材と宮大工の伝統技法で復元された大洲城

木造完全復元の代表例としては大洲城天守閣が大変参考になるので紹介しよう。

伊予大洲城は、鎌倉時代の末期に伊予国の守護になった宇都宮豊房によって築城され、豊臣時代に伊予板島７万石に封じられた藤堂高虎によって大きく修築されたものと伝えられている。関ヶ原合戦に勝利して天下人の座をつかんだ徳川家康が、ようやく江戸城の全面改築（実態は新築と同じようなものだったが）に着手したとき、新たな江戸城の縄張り（設計）のほとんどを担った、あの藤堂高虎である。当時、随一の築城名人と謳われた人であった。

ただし、近年、大洲城天守閣は藤堂高虎が築いたものではなかったという説も浮上している。慶長14年（１６０９）、伊勢国の津に移封された藤堂高虎に替わり、淡路国洲本から大洲に移った脇坂安治《わきざかやすはる》が天守閣を洲本から大洲に移築したというものである。

わざわざ海を越えてまで天守閣を移築するという心理がよく理解できないのだが、脇坂安治には海運の高い技術があったのかもしれない。脇坂安治はこのとき、それまで大

【木造復元天守閣】

※失われた天守閣を、指図（設計図）史料、文献、古写真などをもとに、当時の工法を用いて復元したもの

大洲城の天守閣
愛媛県大洲市　平成16年（2004）復元
明治21年（1888）に解体されたが残された写真、作業棟梁だった中野家の史料をもとに平成16年（2004）に復元された。木造の復元天守閣としては日本一の高さ。

掛川城の天守閣
静岡県掛川市　平成6年（1994）復元
山内一豊が安土桃山時代に基本的な部分を築いたとされる。多くの譜代大名が入城したが、安政元年（1854）の地震で天守も崩壊したものを復元した。日本初の木造復元天守閣。

【外観復興天守閣】

※文献、絵画資料、古写真を元に、鉄筋コンクリートなどで再建し、外観をほぼ以前のように復元したもの

名古屋城	愛知県名古屋市	昭和32年（1957）復興
大垣城	岐阜県大垣市	昭和33年（1958）復興
広島城	広島県広島市	昭和33年（1958）復興
和歌山城	和歌山県和歌山市	昭和33年（1958）復興
松前城	北海道松前郡松前町	昭和35年（1960）復興
熊本城	熊本県熊本市	昭和35年（1960）復興
若松城	福島県会津若松市	昭和40年（1965）復興
岡山城	岡山県岡山市	昭和41年（1966）復興
福知山城	京都府福知山市	昭和61年（1986）復興

名古屋城の天守閣
大天守の完成は慶長17年（1612）頃。昭和20年（1945）の名古屋大空襲で焼夷弾の直撃を受け、本丸御殿、大天守、小天守、正門、金鯱などを消失するが昭和34年（1959）天守閣を鉄筋コンクリートで復元。工事中の本丸御殿は平成30年（2018）に公開を目指している。天守閣を木造で再度復元する事業も進行中である。

津と呼ばれていたこの地を大洲と改称したと伝えられる。「洲」の文字を流用したということは、脇坂安治には、洲本に対する深い思い入れがあったと思われる。あるいは、そのせいもあって、わざわざ洲本城の天守閣を大洲城に移したのかもしれない。

脇坂安治がここまでこだわった天守閣だが、明治21年（１８８８）、老朽化が原因で解体されてしまった。その天守閣が復元されたのは平成16年（２００４）であった。もちろん木造による復元で、明治時代の古写真や、江戸時代に作成された「天守閣雛形」と呼ばれる木組み模型など、豊富に残っていた資料を駆使し当初の姿を正確に再現したという。

大洲城の復元工事には、いろいろ、参考にできることが多い。

たとえば、原型を正確に再現すると建築基準法では認められない規模の木造建築物になるため、当時の建設省や愛媛県はなかなか建設計画を認めようとはしなかったらしい。このままでは認められない、認めてほしければ建設計画を修正しろということだったのである。

もちろん、修正して早期に着工するという方法もあった。だが、原型のままに復元したいという地元の人々の思いが強く、2年近くも粘り強く関係省庁と折衝を続け、とうとう、「保存建築物だから建築基準法の適用除外にする」という決定を勝ち取ることができたという。このあたりの現行法と文化財復元の間の齟齬《そご》については、後に改めて詳述する。

この経験などは、江戸城天守閣復元の計画が動き出したときに大いに役立つであろう。木材の調達法にも学ぶところが多い。

復元のために使用された木材はすべて国産材だったという。使用した木材は、トータルすると450立方メートルだったが、ただの450立方メートルではない。直径90センチを超える巨大な木材が450立方メートルだったのである。これはとても、1カ所で調達することはできない。そこで、全国各地から調達した。その調達の経験もまた範とするに値する。

柱に使われた木材は、そのほとんどが地元材であったが、なんと、その半分近くが地元の方々からの寄贈木だったという。

私が唱える、「江戸城天守閣の復元に要する費用は、基本的には市民からの浄財で賄う」という原則は、金銭の寄付だけを意味しない。知恵や技術のある方は知恵や技術を、木材などを所有している方は現物寄贈という形で……これもまた、浄財の一種である。大洲城の柱の半分近くが寄贈木であるという事実は、私を大いに勇気づけてくれた。

宮大工の木組みは「人組み」「心組み」

建築技術の活用法にも学ぶべき点が多い。大洲城の復元工事にあたっては、富山県在住の宮大工集団を呼び寄せたという。神社仏閣など、多くは百年千年の長きにわたって微動もしないことを前提とする宮大工たちは、その工法において多くは釘を用いない「木組み工法」をとる。一部、釘を用いる部分もあるが、その場合は高度な鍛造《たんぞう》技術を使って打った専用の和釘を使う。

木組み工法とは、木の性質を見極めながら、上・下・横・縦・斜めなど、多いところでは６本も７本もの木を知恵の輪のように１カ所で合わせ、組んでいく伝統工法である。部材と部材を組み合わせて柱や梁を組み上げるのはもちろん、２本の部材を直線でつなぎあわせ、1本の長い柱にする場合もしばしば。できあがった1本の部材はつなぐ前よりも強度が増すというからすごい。

まして、城の天守閣のような巨大な建築物となると、垂直にかかる膨大な荷重に耐えられるよう、各層の屋根を支える構造を精緻かつ強靭に組まなければならない。万一、1本がうまく組み合わされなければ最初からやり直しになる。といって、組み合わせやすくするために切り込みを甘くするのはタブーである。甘くすれば簡単に組むことができるようになるが、それでは崩れやすくなり、木造建築物の耐用年数は低下する。

つまり、焦ることなく、必要以上に急ぐこともなく、丹念に丹念に木を組んでいかなければならない。その積み重ねによって初めて、天守閣の骨組みができあがるのである。知識も必要、経験も必要、だが、最も大切なのは仕事に対する愛情と、仕事仲間の親密なチームワーク。復元工事中、現場事務所と木材加工場の壁には、それを端的に表現した言葉が掲げられていたという。それを抜粋して紹介しよう。

木組みは木のくせ組み

木のくせ組みは人組み
人組みは人の心組み
人の心組みは棟梁の工人への思いやり

事実、宮大工同士の、そして、宮大工たちと地元の大工たちの「人組み」「心組み」は見事だったそうだ。この建築作業には大勢の地元の大工たちも参加し、共に働きつつ、富山から来た宮大工たちから多くのことを学んだという。それを通じ、貴重な伝統工法の伝承が行われたのは間違いない。

〝最後の宮大工〟と呼ばれ、法隆寺や薬師寺の昭和修復工事の指揮を執った棟梁《とうりょう》・西岡常一氏は

「自分からして見せな。それが一番ですな。なんぼ上手に文句言うてもあきませんわ。やっぱりまず私自身鉢巻きをしめて、汗を流して、その人の前でこういうふうにやってくれと、実際して見せんとな」

という言葉を残している。まさに至言である。

職人のなかの職人である宮大工においては、すべての仕事が〝口伝《くでん》〟であり、優れた棟梁のもとで働くことが最も正しい技術の伝承となるからである。

最高峰の木造技術を持つ宮大工が城大工に転じた

ここで天守閣はじめ城郭を造営する匠、すなわち宮大工と石工について詳しく紹介しよう。

宮大工はその名の通り、「宮」すなわち神社仏閣を専門に建築や補修を行う大工たちのことだ。

彼らの手がけた建物は、何十年、いや何百年にも及ぶ風雪に耐え得るよう、経年によって錆びる金属製の釘の使用を最小限にとどめ、多くは「木組み」と呼ばれる複雑精妙な方法のみで柱や梁を組み上げている。ここぞという場所に釘を使う場合には、特殊な鍛造技術で鍛えあげ、百年単位の耐久力を備えたものしか使わない。

当時の大規模な建物といえば寺社がほとんどで、高層建築に至っては寺院につきものの塔くらいしかなかったため、それらの設計や今で言う構造計算の知識も、宮大工たちがほぼ独占していたと考えられる。

彼らの多くは、長期におよぶ作業に従事し、あるいは必要な部材を調達するための調査などで何年にもわたって家を離れ、どんなに金に困っても普通の家屋敷の普請は請け負わないのが定め。自ら使うノミやカンナ（ときには〝槍ガンナ〟などの特殊な道具も使う）はすべて手づくりし、それによって寺社特有の円い柱、木鼻《きばな》や向拝《こうはい》、斗栱《ときょう》、虹梁《こうりょう》、蟇股《かえるまた》などの装飾物を見事な手際で彫りあげるなど、一般の大工とは技術、意識において大きな違いがあるとされる。

加えて、その特殊な技術・技法は、もっぱら徒弟制度に基づく口伝によって伝えられるため、限られた後継者のみがこれを受け継ぎ、現在も全国でごくわずかな人数（100人前後と言われる）が確認されているのみだ。

このように、大規模木造建築に通暁した宮大工の技術を、戦国末期から安土桃山にかけ、こぞって壮麗巨大な城郭を築いた武将たちが見逃すはずはなかった。戦のための城砦が主な目的だった従来の城を脱し、政治・経済の中心、権威の象徴としての城へと大きく変わっていったこの時期、空高くそびえ、優美な装飾により飾られた天守を建てるためには、そのためのノウハウを事実上独占する宮大工の力が、何としても必要だったからだ。

たとえば、織田信長の命令で安土城天守を築いた岡部又右衛門、あるいは徳川幕府の専属大工頭として二条城、駿府城、江戸城、名古屋城などの普請にたずさわったとされる中井正清らは、いずれも宮大工から転じての城大工。前者はもともと熱田神宮の、後者も大和国の生まれで、のちに知恩院や芝の増上寺の普請を手がけていることから宮大工だったと推定されている。事実、こうした宮大工ならではの趣味は天守閣においても、禅寺特有の「華灯窓《かとうまど》」や大屋根を飾る「唐破風」といった装飾に表れていることが少なくない。

日本中の石垣を積んだ石工のプロ集団

しかし、城郭とりわけ天守閣の建造は宮大工＝城大工だけで達成できるものではない。

土台となる石垣を組むためには石積職人集団が欠かせないし、屋根を葺き鯱鉾《しゃちほこ》を上げる瓦職人、壁を塗る左官職人も不可欠である。寝殿造りや書院造りの場合は、まだ宮大工だけでもなんとかなるが、城郭の場合はその他の職人集団との協働作業を欠くことができないのだ。

なかでも、天守を支える天守台をはじめ城郭の壮大な石垣を築くのは、石垣積みに通じた石工の専門集団である。その技術は巨大な自然石の切り出しをはじめ、切石の運搬、立ち上げ、さらに積み上げた後の表面仕上げに至るすべての面に及ぶ。

一般に、石垣（近代以前）の種類は石の形と積み方で6種類ほどに分かれ、形については自然石をそのまま使う「野面《のづら》」、割り石によって石同士の隙間を少なくした「打込《うちこみ》接《はぎ》」、さらに徹底した加工で隙間を完全になくした「切込接《きりこみはぎ》」の3つ。

これを「布積《ぬのづみ》」といって横方向に石の列をそろえて積む方法と、大小不規則に乱れたまま積む「乱積《らんづみ》」のどちらかで積み上げていくわけだが、どの方法を選ぶかは時代や城の規模、施主である城主側の懐事情による。

当然ながら、防御面、強度の面、さらに美的観点からしても、原始的な野面（隙間が

江戸城の石垣に残された「刻印」のひとつ（大手門外桔梗濠）。工事に関わった大名家の家紋、家印、符丁などを刻んだもので、江戸城の石垣には数百種、数万個の刻印が残っている。

多いため崩れやすく、攻める側の足がかりも多い）より、加工の進んだ打込接や切込接がすぐれている。積み方については乱積のほうが高度な技術を要するものの、そのぶん失敗も多く、強度面で不安のある場合も少なくない（特に野面や打込接の場合）。

ちなみに、現在、皇居の東御苑に残る天守台（寛永期の天守焼失後に新たに築かれたもの）は切込接の布積で、非常に安定度の高いものとなっている。

いずれにせよ、これらの技術は戦乱が激しく、そのために他と比べて終息の機運が早かった（＝天守の登場・発達が早かった）近畿・東海で発展し、織田信長と豊臣秀吉による天下統一により全国へと普及していった。それゆえ、日本各地の城の石垣はいずれもほぼ同じ構造を持ち、これを担った技術者たちは歴史上広く「穴太衆《あのうしゅう》」の名で呼ばれている。

彼らはもともと、比叡山のふもと（現在の大津市穴太）の出身で、古く朝鮮半島から来た渡来人の末裔とも言われ、古墳の石室や石棺に始まり、のちに寺社関係の石工（石段など）を務めていた。その高度な技術力を織田信長に買われ、安土城の高くそびえる石垣を築いたという。

かくて、穴太衆は石工の代名詞となるが、いかに石垣が同じ構造を持つとはいえ、それぞれに施工上の違いがある。基礎の造作や積み石を背後から支える「裏込《うらごめ》」という構造（栗石と呼ばれる小石をぎっしりと詰め込む）の規模、さらには「隅石《すみいし》」といって城壁が折れ曲がる角の部分の石積みの処理によって、強度などに大きな違いが生じることが避けられない。

ほかにも、野面や打込接の場合の積み石の隙間の処理、石垣そのものの高さと勾配、さらには石垣へ上る通路や天守閣の入り口として天守台に開けられた「穴蔵」の位置など、防衛上の重要機密を熟知する。それゆえ穴太衆は、おのずと城主側からは煙たい存在となったのだろう。城によっては、完成後に口封じをされたとの伝説が残る場所もある。そのあたりは、同じく築城により各国の防衛機密を握ることで大きな力を持ったヨーロッパの石工集団〝フリーメーソン（自由職人の意味がある）〟とは少々事情が違うらしい。

ともあれ、江戸期に入った慶長20年（１６１５）に「一国一城令」、すなわち藩ごとに藩主の居城のみを残して他をすべて廃城にするという厳命が下された後、全国に及んだ築城ブームは終息し、穴太衆もその存在を忘れられることとなった。

とはいえ、その後の石積み職人の特殊技術は細々と、しかし絶えることなく伝承され、平成28年（２０１６）の熊本地震で石垣が崩壊したときには、末裔である滋賀県の栗田建設が調査に駆り出されていた。この伝統技術もどうにかして継承しなければならない。

「平成の市民普請」で挑む名古屋城本丸御殿

続いては、現時点で木造復元事業の先頭を走る名古屋城の例をあらためて取り上げたい。

名古屋城は、徳川家康の九男の義直の居城として、天下普請で築城された。織田信長の織田家の持ち城であった那古野城とは場所は同じだが別個の城である。那古野城《なごやじょう》の跡地に造営された城ということになる。

名古屋城の天下普請は、豊臣恩顧の西国大名を主体とした20の大名に命じられ、作事（工事）奉行は茶人・遠州の名で知られる大名、小堀政一であった。加藤清正は独力で天守台の石垣を築いており、今も、「清正石」と名付けられた大石が名古屋城の名物になっている。ただ、この石垣施工を担当した大名は、実際は黒田長政なので、「清正石」は単なる伝承と思われる。

天下普請が発令されたのは慶長14年（１６０９）、慶長17年（１６１２）には天守閣が、元和元年（１６１５）には本丸御殿が完成、天守閣には名古屋城のもうひとつの名

物となった金の鯱鉾が輝くようになった。日本を代表する天下の名城のひとつであり、城郭として初めて国宝に指定された。
だが、その天守閣は昭和20年（1945）5月14日の名古屋空襲で焼け落ちてしまう。その後、昭和32年（1957）に名古屋市制70周年の記念事業として再建が開始され、昭和34年（1959）に完成した。鉄筋コンクリートによる再建であり、総工費は約6億円。うちほぼ2億円が民間からの寄付金でまか

【名古屋城の天下普請】
「築城図屏風」の一部。巨石の運搬は各藩の見せ場。旗を立てた荷車を多くの人々が引いている。大名自らが運搬中の石の上に乗り音頭をとることもあった。派手な南蛮風衣装、太鼓や扇子、旗なども見える。名古屋市博物館所蔵

なわれたという。

私が名古屋城を初めて訪れたのは平成24年（２０１２）９月だった。

城の西南にある正門から入りそのまま西の丸の広場を抜けていくと、左手に本丸、直進すると二の丸に至る。実は、ここでガッカリしてしまった。本丸付近が工事中を思わせる幕で覆われていたのである。ひょっとしたら本丸が改修中であり、あるいは天守閣の参観はできないのかもしれないと思ったのだ。だ

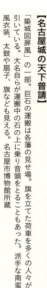

が、違った。天守閣の少し手前が幕で覆われ、工事中だったのである。近くの案内掲示板を読むと、本丸御殿の復元工事中だという。

本丸御殿とは、江戸の将軍家や京のお公家さんなどの尊貴な来訪者の宿舎として用いられた御殿である。前にも触れた通り、天守閣とはあくまで城のシンボルであり、実際に人が生活する場所ではなかった。天守閣で暮らしたのは織田信長ぐらいであり、普通の城主や城主の家族などは別個に設けられた低層の御殿で暮らした。名古屋城の場合も最初は本丸御殿で生活したらしい。後に二の丸にも御殿が設けられ、城主やその家族はそこを用いた。そして、本丸御殿は尊貴な客のための客舎になったのだ。

名古屋城本丸御殿の復元工事は段階的に3期の工程で進められ、平成25年（2013）5月には玄関や表書院等が完成して公開され、平成28年（2016）6月には、対面所・下御膳所《しもごぜんしょ》が公開された。最終的には平成29年度（2017）末までにすべての工事が完了し、平成30年（2018）に全面公開する予定だという。

実は、この本丸御殿もやはり、昭和20年（1945）の空襲でほぼ全焼していたのであった。部屋数は30を超え、その室内は障壁画や飾金具などで豪華絢爛《けんらん》に飾られ、建築、絵画、美術工芸の分野で高い評価を得ていたという。戦災による焼失を免れた１０４７面の障壁画は重要文化財の指定を受けているというから、焼失前の本丸御殿の価値の高さは想像がつく。

なお、それらの障壁画は本丸御殿の復元が成れば、そのなかに昔の姿そのままに飾られる予定だという。名古屋城にさらに新しい観光の目玉が誕生するのである。

しかも、本丸御殿は原則、旧来の材料、旧来の伝統技法を用い、旧状をそのまま再現するという。私が考える江戸城天守閣の復元と同じ発想にほかならない。完全復元が成ったら、是非、改めて訪れたいものである。

さらに注意深く掲示板を読んで驚かされた。なんと、この本丸御殿の復元費用は、民間からの寄付金で賄われ、今もなお、寄付を受け付けているという。

現在も受け付けている寄付のなかには、企業からのものもあり、トヨタ自動車の関連企業や地酒のメーカーなど多数の企業が１００万円単位の寄付をしている。

だが、「平成の市民普請」をキャッチフレーズにしているだけに、メインは市民個人の寄付らしい。寄付の種類には、一口が１０００円の御殿募金、１口が３０００円の柿《こけら》募金、1万円の匠《たくみ》募金、5万円以上の檜《ひのき》募金があり、興味深かったのは、柿募金の場合は、中学生以下を1口1000円としていることであった。最初から子供たちの健気な寄付のあることを想定したのだろう。あるいは、学校単位、クラス単位の寄付などもあるのかもしれない。

尾張名古屋は城でもつ!

本丸御殿の建築期間は平成20年度(2008)から平成29年度(2017)の10年間で、総費用は150億円で計画しているという。

「その150億円を3つに割り、名古屋市が50億円を拠出し、県や国から50億円の補助金を仰ぎ、市民に50億円の寄付をしていただくという財政計画です」

名古屋城総合事務所の担当者は、そう説明する。

市や県、国の負担はまあいいとして、注目すべきは市民からの寄付である。寄付金募集がスタートしたのは平成14年(2002)で、募金の達成目標は平成30年(201

8）ということだったが、なんと早くも平成25年（2013）7月末には目標額の50億円に到達したと言うではないか。もっとも平成29年（2017）の竣工までは寄付金募集を継続することも決まったそうである。

本丸御殿が完成して公開された後も、維持費や管理費が必要になる。それを見越してさらに募集を続けることにしたのだそうだ。

このように、平成の名古屋城本丸御殿復元プロジェクトにおいても、その費用の多くは基本的に民間から寄付を募って実行している。それも、平成デフレ不況という経済環境がきわめて悪いなかにもかかわらず、多くの企業、団体、個人が積極的に参加して目標を達成している。驚くべき偉業といっては言い過ぎだろうか。「人民の人民による人民のための公共事業」は、これまでにも、すでに立派に実現しているのだ。

さらに畳み掛けるようにして平成27年（2015）6月、河村市長が打ち出したのが、第1章でも紹介した「東京五輪までに名古屋城天守閣を木造に建て替える」という構想だ。まさしく「尾張名古屋は城でもつ」である。

名古屋にできて東京にできないはずはない。首都東京には数えきれないほどの企業、団体、都民が集まっている。今後、江戸城天守閣復元運動を盛り上げ、多くの方に参加いただき、ネットワークを増強していけば決して不可能ではないと、私は確信を深めることができた。

天守閣復元と城を活かした街づくり

このほかにも、全国各地で天守閣復元や城を活用した街づくりの動きが、うねりのように胎動しつつある。

晩年の徳川家康の居城であった静岡市の駿府城でも、約400年前に焼失した天守閣を木造で復元しようという声が高まり、静岡市ではまず、天主台の詳細を調査・研究する方針を打ち出した。ただ、ネックとなっているのは天守閣の図面など、復元のための基礎資料が残されていない点で、現時点では完全復元は難しいとの情勢だ。

一方、天守台については明治の解体後も一部が地中に残されており、平成27年度（2015）から8年間にわたる「第3次総合計画」に調査・復元の方針と予算が盛り込まれた。平成28年（2016）8月からはいよいよ発掘調査がスタートし、見学ルートや発掘情報の逐次発信で現場を観光資源に活用――これにより、将来的な天守閣復元へ向けた市民の関心を高めていく効果も期待されている。

鉄筋コンクリートで再建された北海道の松前城の場合は、耐震強度不足が判明しその対策が必要となっているが、単なる耐震補強工事で済ませるか、それとも思い切って木造で建て替えるか、現在検討中という。

山梨県では、平成20年（2008）の甲府城天守台発掘調査で大きな鯱瓦が出土するなど、現存の松本城に匹敵する25～30メートル級の天守閣があった可能性が強くなり、復元を求める機運が高まった。天守閣の木造復元を求めては地元の人々が「やまなしお城10万人アクション」として署名活動を行い、10万2341人の署名が集まったという。現在は、天守閣があったか否かの史実を究明するべく、全国規模の文献調査が行われており、将来的な復元へ向けた期待が高まっている。

和歌山では和歌山城の活用法を示す整備計画の見直しを進めているが、そうしたなか、木造再建の計画も浮かび上がっているそうだ。

高松城では老朽化した天守台の石垣修理工事を終え、次は天守閣と気運は盛り上がっているが、やはり設計図が残されておらず、現時点では完全復元はかなり苦戦しているらしい。

ユニークなのは兵庫県の尼崎城で、明治初期に取り壊された高さ25メートルの４層天守閣復元について、地元の企業である「ミドリ電化（現・エディオン）」の創業者が尼崎市と協定を結び、推定10億円という建設費を浄財として寄付。これにより、約４００年前に築かれた城が、時を経てかつての姿を取り戻すことが決まった。着工時期などは未定だが、創業者側は「お世話になった地元への恩返し」ということで、将来的に観光・文化拠点として一帯の再開発に寄与するところが大きいと期待されている。

その他にも市民運動レベルのものも含めれば、少なくとも10前後の天守閣の復元運動が動き出しており、主なものを巻末の表にまとめておく。

このように今、日本各地で歴史的、文化的、技術的に大きな価値を生む天守閣復元への挑戦が始まっている。小さな城下町でも巨大都市でも「人民の人民による人民のための天守閣復元運動」が動き出したのである。市民参加型の新しい都市再開発事業と言ってもいいだろう。

各地のこうした運動や事業をネットワーク化して、天守閣再建に向けての課題や調査内容、さらには計画立案などについて情報交換していけば、さまざまな効果が期待できるのではないか。その相乗効果で日本再生・地方創生につなげることができれば、こんなに素晴らしいことはない。

海外での事例、ベルリン王宮復元事業

この章の終わりにもうひとつ、海外における同種の事業の一例として、ドイツの首都ベルリンのドイツ帝国王宮復元事業を紹介しておきたい。

シュプレー川が流れ、大聖堂や世界遺産の「博物館島」が並ぶ同市の中心部。この場所に最初に城が建てられたのは15世紀だが、近代以降、プロイセンの勢力伸長とともにその規模は拡大し、ドイツ帝国の誕生によって皇帝の王宮となった。

その後、第一次世界大戦の敗戦で帝国が崩壊した折には、共産勢力の指導者であるリ

ープクネヒトが、この王宮のバルコニーから革命を呼びかけるなど、ベルリン王宮こそは、まさにドイツ国民にとっての〝歴史の檜舞台〟である。第二次世界大戦後、連合国側の攻撃で損傷を受けながらも建物の多くは残っていたが、共産国家である東ドイツ政府は1950年にこれを爆破してしまう。あとには、人民議会などが入るガラス張りの「共和国宮殿」が建てられた。

時は移って1989年のベルリンの壁崩壊と翌年の東西ドイツ統一後、共和国宮殿は有害物質のアスベストが大量に使われていることから閉鎖が決定してしまう。撤去か改修かで長らく議論が続けられたが、結論はなかなか出ず、建物は廃墟同然に放置され続ける。ベルリン王宮復元を求める市民運動が高まりを見せたのはこの時期で、君主制時代の豪華な建物の再建が現代にふさわしいか熱い論争が続いたが、2002年ついにその復元が決まった。

当初は巨額な統一コストの負担もあり、莫大な資金を必要とする王宮復元はなかなか計画が進まず、予算措置も先延ばしの連続。が、ようやく2014年、本格的な工事が開始されて、来る2019年の竣工を目指しての事業が急ピッチで進められている。

ベルリン王宮の場合、外観の大部分はかつての王宮をそのまま復元するが、内部には博物館や図書館、大学が入り、それを前提に連邦議会と州が復元費用の大半を負担する。一方で、特徴的なバロック様式のドームや「フンボルト・フォーラム」と名付けられる付属の建築物にかかる費用は、民間からの寄付で賄う形をとっている。この点で、私が提案するコンセッション方式によるＰＦＩ方式（第６章で詳述する）よりも、公的資金の負担が大きくなるが、文化観光先進国の試みとして参考にすべき点は少なくない。

他にもチェコのプラハ城のように、各時代の歴史的建造物を丁寧に復元して、都市のアイデンティティーを生み出す歴史ある街づくりを見事に実現している事例もある。

このように歴史的建造物の価値と魅力を最大限に引き出し、現在そして未来の街づくりにつなげるヨーロッパ諸国から、私たちはもっと学ぶべきではないだろうか。

次章からはいよいよ、ここまでの内容を踏まえた江戸城天守閣復元事業のあるべき姿について、具体的に考えていくことにしよう。

第5章

東京丸ごとテーマパーク構想

TOKYOはもっともっと魅力的な街になる

アベノミクスによる円安傾向と官民挙げての「ビジット・ジャパン事業」が功を奏してか、近年、外国人観光客が急増中だ。しかし、欧州はじめ世界の観光先進国に比べると、日本はまだまだ観光立国とは言い難い。ましてや東京が国際観光都市といばれる状況ではない。では、日本という国、東京という都市は、外国人にとって魅力の乏しい国なのだろうか。

私は、そう思わない。

日本は今も世界有数の経済大国であり、その首都東京は世界一の人口と経済規模（GDP）を誇る経済都市だからである。東京には経済都市ならではの高層ビル群が建ち並び、数多くの企業が集積している。そして巨大都市であるにもかかわらず、治安は世界一。さらに公共交通機関の正確性も世界一といわれている。

また、アニメ、マンガ、ゲーム、コスプレなどのオタク文化の発信地・秋葉原や、若者ファッションの発信地・渋谷や原宿などに見るように、ユニークなモダニズム文化を擁している。世界には、このような「クール・ジャパン」が普及し、まだ見ぬ東京に憧れる若者が数多い。リオオリンピック開会式での日本紹介パート、閉会式での引き継ぎセレモニーではそうした魅力の一端が見事に表現されていた。

さらに食文化が多彩で奥が深いことが挙げられる。会席料理など江戸時代以前から伝えられた食文化があり、江戸時代に生まれた寿司、天ぷら、蕎麦、うなぎの蒲焼きといった料理もある。

そうかと思うと、トンカツやラーメンのように比較的新しい和食も存在する。トンカツやラーメンも外国料理の影響を受けつつ、日本で開発された和食なのである。「和食」がユネスコ無形文化遺産に認められたのは、嬉しいかぎりだ。

さらに、東京には、中華料理、フランス料理、イタリア料理はもちろん、タイ料理やアフリカ料理など、世界各国の料理を提供する飲食店が軒を連ね、東京に居ながらにして食の世界一周が可能になる。こんな街は世界中を探しても稀である。

日本を訪れた外国人が居酒屋や回転寿し店の探訪を密かな楽しみにしていることは前述したが、考えてみれば当然の現象かもしれない。

以上のような特色、魅力にあふれた我が街東京は、外国人にとって、決して魅力の乏しい街ではない。

しかしながら、これまで何度も指摘してきたように、東京は、人口も経済規模も世界一を誇る巨大都市でありながら、外国人観光客数で比べると、世界の大都市のなかでまだまだ後塵を拝している。

治安もいいし、食事も美味しいし、地下鉄など公共交通機関は便利だし、おもてなし（ホスピタリティ）も素晴らしい。なのに、どうして外国人観光客に人気がないのだろうか。もちろん、物価が高い、英語が普及していないという欠点はある。しかし、それだけではないだろう。

私は、東京には、歴史や文化を感じるスポットが少ない、というのが大きな理由ではないかと思う。

ワクワク、ドキドキする楽しい町TOKYO

世界の大都市には、必ずその都市の歴史や文化を代表するような有名な施設や文化遺産がある。ロンドンにはバッキンガム宮殿やビッグ・ベン（英国国会議事堂）、パリにはベルサイユ宮殿や凱旋門、北京には紫禁城、そしてニューヨークには自由の女神があり、いや、それだけではなく、摩天楼やブロードウェイも含めて文化遺産と言えるかもしれない。

こうした遺産や施設が外国人観光客でいつでも賑わっていることは言うまでもない。残念ながら我が東京には、歴史、伝統、文化の象徴となるような街のシンボル的観光資源が見あたらない。だからこそ、東京という街の歴史文化の象徴＝シンボルとして江戸城天守閣の復元が求められるのである。

もうひとつ、東京が国際観光都市としての魅力に欠けているのは、楽しさ、面白さがないからではないか。海外の観光都市を歩いてみると、ハラハラ、ワクワク、ドキドキといった楽しさ、面白さがある。これが都市の大きな魅力なのである。

たとえば、パリにはその北に街を一望するモンマルトルの丘があり、そこでは画家志望の若者（元若者も含む）が集まって似顔絵を描き、あるいは自作の研鑽に励む風景が日常だ。街の東にはペール・ラシェーズという広大な墓地があり、フランスの歴史をつくった有名無名の人々の墓は訪れる人に不思議な感興を呼び起こす。ニューヨークならソーホー周辺のストリートミュージシャンが奏でる種々雑多な音楽、ロンドンにもハイドパークのスピーカーズ・コーナーで日々行われる有志による演説がある。一方、東京の治安は世界一安全で、街はクリーン、そして公共交通機関は世界一正確。ところが、楽しさや面白さがない。つまり、遊び心が足りないのである。

ならば、その足らざるものを補えばいい。というより、創り出せばいい。その改革努力こそが観光振興というものだ。

アンブレラ産業とも言われる「観光」は、経済波及効果が大きい究極のサービス産業と言っても過言ではない。各分野で新しい価値を創造し、資源を磨き、それらをネットワーク化することができれば大きく花開く、つまり傘が開くのである。

江戸城天守閣の復元によって国際観光都市を創るという大きな目標もこのネットワー

クのなかで活かされる。実のところ、私は天守閣の復元だけで東京が国際観光都市に変貌するとは考えていない。

私は「復元された江戸城天守閣は、観光資源の目玉になる」と述べた。目玉とは、いくつもあるなかの突出したものという意味である。そう、突出はしていてもonly oneではない。one of themである。ほかにも多数の観光資源を磨き、創造する。浅草寺などの既存の観光拠点も活用する。江戸中に張りめぐらされた水路網のように歴史の荒波に洗われて姿を消しかけているものは、手を入れて復活させる。必要なら、新しい観光拠点も創設する。

それらを連結して観光拠点のネットワークを創り、そのネットワークの相乗効果によって東京を世界に誇る観光都市にしていく。表現を変えるなら、東京全域を丸ごと、ワクワク、ドキドキするテーマパークにしていくのである。私は、このアイディアを「東京丸ごとテーマパーク構想」と名付けた。復元された江戸城天守閣は、まさしく、その目玉となっていく。

江戸を偲ばせる歴史・文化ゾーンを創る

そのためには、まず、古きよき東京や江戸を偲ばせる歴史・文化ゾーンを創造したい。たとえば、江戸時代の日本橋の復興である。

江戸時代、日本橋は江戸の町のセンターであった。当時の街道は、すべて、日本橋を起点にしていた。日本橋には河岸もあり、日々、多大な物資が陸揚げされ、その河岸の周辺には倉庫や商店、飲食店、菓子店などの小売店が建ち並んでいた。

海から陸揚げされた物資だけではない。前述したように、ここにある道三堀……徳川家康の命で掘られた道三堀を、今も江東区などを流れている小名木川（川の名が付いているが、これも実は運河）とつなぐことで日本橋は、河川物流の拠点にもなっていた。

ちなみに、河岸というと魚河岸を連想されてしまうが、当時の河岸は、一義的には「河の駅」を意味した。その「河の駅」を復活させるのである。

もちろん、江戸時代の日本橋には、狭義の河岸、つまり、魚河岸も存在した。築地に移る前の江戸（東京）の台所は日本橋にあったのである。それらをできる限り復興する。

その復興のための歩みはすでにスタートしているようだ。

たとえば、現在の日本橋の中央通りを中心に、水辺の再生や路地の復活を夢見ている人たちがいる。現在、その夢を実現する作業主体としての組合が結成され、地域住民を軸にそのための勉強会を続けている。

地域住民によって、「水辺再生研究会」も結成されている。今、この研究会が取り組んでいるのは、堤防を〝スーパー堤防（緩傾斜堤防）〟にする試みである。〝スーパー堤防〟とは、垂直に切り立った〝カミソリ堤防〟ではなく、ゆったりした傾斜のある堤防であり、その形に改変することで容易に水辺まで下りることができるようになり、水辺の探訪を楽しむことができる。水辺の探訪のためには川の清掃も必要になり、それもまた、「水辺再生研究会」の課題のひとつである。

日本橋だけではなく人形町なども含めた広域地域に回遊性のある町並みをつくろうと努力している方々もいる。地域住民と企業が一緒になってこの地域の川を清掃し、また、この地域に店を構える老舗との連携も模索しているという。

こうしてさまざまな試みがなされ、あるいは、なされようとしているが、私はそれに、さらにふたつの提案を追加したいと考えている。

その第一は、日本橋の景観を邪魔する形になっている首都高速道路を地下に潜らせようという提案である。いや、日本橋周辺の首都高だけではない。首都高の都心環状線全体を地下に潜らせたい。それにより、東京の景観が復活するだけではなく、地震にも強くなり、都市環境の改善にも貢献する。

もうひとつは、現在の日本橋（地名ではなく橋としての日本橋）と並行する形で、江戸時代の日本橋を建造することである。橋を架け替えることも考えられるが、現在の日本橋は国の重要文化財にも指定されており、なかなか趣のある橋である。だったらこれは残し、それと並行して川に架かる江戸時代の日本橋を建造する。

「ふたつも日本橋があるなんて、無駄だよ」という方もいらっしゃるかもしれないが、そうした方は是非、両国の「江戸東京博物館」の内部に半永久的に復元された旧日本橋を見学していただきたい。やわらかなカーブを描く太鼓橋風の旧日本橋は、実に優美である。江戸城天守閣と同様に、木造の建築物ならではの柔らかさに加え艶やかさもありとても美しい。これが現地で復元できればどんなに素晴らしいことかと考えるようになるに違いない。

余談になるが、拙著『甦れ！江戸城天守閣』を読んで、近畿日本ツーリストが平成26年（２０１４）の1月から3月にかけて「江戸城天守閣と日本橋復元３Ｄツアー」というものを実施してくれた。特殊なメガネをかけてバスツアーに出かけると、江戸城天守閣や旧日本橋魚河岸など、現存しない歴史的建造物が現れるという、３Ｄを利用した「スマートツーリズム」の試行で、大好評を博したそうだ。

日本橋のつぎは浅草の御蔵の復元である。江戸時代、浅草の川べりにはズラリと徳川幕府の米蔵が建ち並んでいた。現在では完全に姿を消しているが、当時の浮世絵風景画などを見ると、その威容と美しさにうならされる。

もちろん、当時の威容をすべて復元する必要はない。第一、そんなことは不可能である。一部でいい。一部の復元ではあっても、大変な観光名所になる。小樽の赤レンガ造りの倉庫群や山形県酒田市の山居倉庫群、そして、横浜の赤レンガ倉庫などは大勢の人が訪れる観光名所だが、それと同じような観光名所になるに違いない。

すでに平成24年（２０１２）10月、改築工事が終了して、創建当時の姿に復元された東京駅丸の内駅舎も、歴史・文化ゾーンの有力な観光資源のひとつだ。

　復元された東京駅丸の内駅舎の雄姿を見るために、連日多くの人々が訪れている。壁面に昔の東京の姿などを映写するプロジェクションマッピングのイベントが実施されたとき、予想以上の見物客が詰めかけ、黒山の人だかりと交通渋滞が発生して、やむを得ず、途中でイベントが中止になったというニュースを覚えている方もいるだろう。さらに駅舎のなかに改装された「東京ステーションホテル」にも人気が集まり、今や、なかなか予約が取れない状況になっている。

　歴史・文化の香りが漂う観光資源は、これほどまで人々の心をワクワク、ドキドキ、ときめかせるという生きた証拠である。歴史・文化ゾーンの有力な構成メンバーといえよう。もちろん、それらの歴史・文化ゾーンの核となるのは、復元された江戸城天守閣にほかならない。

お台場に統合型リゾートを誘致して新たな観光拠点に

新しい観光拠点を創ることも「東京丸ごとテーマパーク構想」の実現のためには必要である。

具体的にはお台場にカジノを含むＩＲ（統合型リゾート）の誘致を考えている。統合型なのだから、カジノだけではない。ホテルなどの宿泊施設やショッピングモールなどの商業施設、アミューズメント施設、ビジネス施設、イベント施設などもそろっている。アミューズメント施設には劇場、映画館、博物館などを、ビジネス施設には各種の国際会議を、イベント施設には国際規模のさまざまな物産展、展示会、スポーツ・文化イベントなどを誘致する。

もちろん、このＩＲは国内外から広く集客を狙う。だが、基本的には日本を訪れる外国人を意識しての施設である。というのは、同時通訳や宿泊施設などが整っているだけでは、最近の国際会議や国際的な物産展は誘致できにくくなってきたからである。

せっかく外国を訪れるのだから、ショッピングや各種のイベントも楽しみたい。息抜きタイムにはギャンブルも楽しみたい。こうしたニーズに対応する統合的な多目的・多機能施設がお台場に誘致するＩＲにほかならない。

さらに、このＩＲ誘致を成功させるには、広域観光ネットワークの充実が求められる。つまり、ＩＲに来た多くの観光客とビジネス客に、その周辺地域の日帰り観光などのショートトリップが楽しめるような環境が整っていれば、相乗効果が期待できるというわけだ。たとえば、今でも富士山、箱根、日光、鎌倉などの観光スポットは外国人に大人気である。当然、このＩＲは外国人の日本観光・東京観光の拠点になり、東京を世界一の観光都市に育ててあげるために、大きく貢献することは間違いない。

なお、カジノも付設するという点に関しては、ギャンブルで身を持ち崩す人が出ることを懸念する方もいるかもしれないが、そうならないための方策は世界中で開発されている。第一、現在でも、競輪や競馬、オートレース、競艇という公営ギャンブルが存在するではないか。全国には、無数といっていいほどのパチンコ屋があるが、換金を黙認している限り、これも一種のギャンブルではないか。もし、すべてのギャンブル関連施設を廃止したら、ギャンブルは地下に潜る。その方がよっぽど危険であろう。

そもそも、カジノを解禁していない先進国は日本だけだ。その結果、ＩＲの開発が進められない状況におかれているのも日本だけだ。シンガポールはＩＲ誘致の成功で観光振興による経済成長を実現した。近隣では韓国も台湾もフィリピンもＩＲ開発を進めている。世界の都市間競争に後れをとらないためにも、日本は一刻も早くカジノを合法化し、東京湾岸にＩＲを誘致すべきである。それは、交通アクセスの面からも、既存施設の集積の面からもお台場をはじめとする湾岸エリアが最適地であろう。

スカイツリーとディズニーランドを巻き込んだ丸ごとテーマパーク

私が考える「東京丸ごとテーマパーク構想」には、「東京スカイツリー」と「東京ディズニーランド（東京ディズニーシー、東京ディズニーリゾート）」の存在も欠かせない。東京ディズニーランドは千葉県にあるが、広い意味ではこの構想の拠点のひとつに数えていい。

平成24年（２０１２）にオープンした世界一の６３４メートルの高さを誇る電波塔・

東京スカイツリーと商業施設の東京ソラマチには、1年で予想を上回る6000万人、3年半で2000万人を超える人が訪れた。現在でも毎年5000万人前後の来場者がある。

一方、東京ディズニーランドは、そのオペレーションの評価は高く、家族連れを中心に毎年3000万人を超える入場者で賑わっている。

このふたつの観光施設は、今後も東京観光の牽引車の役割を果たしていくだろう。

もし江戸城天守閣が再建されたら、東京スカイツリーとのコントラストが面白い。東京スカイツリーは600メートル以上の高さから関東平野を鳥瞰する、日本の科学技術の枠を集めて造られた塔である。一方で、江戸城天守閣は、50メートルの高さから東京の中心部を鳥瞰し、日本の伝統技術の枠を集めて造られる塔になる。言い換えれば、未来の塔と歴史・伝統の塔という二つの塔が、東京で見事なコントラストを描くことになる。想像するだけでもワクワクする。

そして東京ディズニーランドである。世界各地のディズニーランドはどこも大盛況だ。これは、ウォルト・ディズニーの発想力によるところ大である。「また行きたい!」と思わせる力が絶大なのだ。しかし世界に7カ所あるディズニーランドのなかでも、運営の質の高さは東京ディズニーランドがピカイチだという。清潔さ、正確さ、きめの細かなおもてなし――つまりホスピタリティの高さ、どれをとっても他の追随を許さない。

　こうした運営能力の高さこそが日本の特技であり、私は、日本にカジノを含む統合型リゾート（IR）を開設してもその弊害を極少化して、しっかりと運営できると確信している。

日本ならではのホスピタリティこそ「クール・ジャパン」の本質

「クール・ジャパン」という言葉も一般用語になってきた。しかしこれを「かっこいい日本」と意訳するだけでいいのだろうか。もっと深く広い意味が含まれているように思う。

　マンガ、アニメ、ゲームは、日本で独自のものが生まれ、今や世界中に広まっている。J-POP・アイドルやポップカルチャー、オタク文化は、これまた世界に知れわたっている。クール・ジャパンは狭くはこうした日本発の大衆文化のことを言うが、最近では伝統技術や日本食、武道、おもてなしの心なども含め、広く日本の独自文化の素晴らしさを表す言葉になっているようだ。

東京には、それらの発祥地、先進地が山ほどある。

秋葉原は、パソコンや電化製品の量販店が集積する街であると同時に、ポップカルチャーとオタク文化の中心地である。したがって外国人観光客の超人気スポットだ。

銀座はショッピングの中心地であり、高級店が立ち並ぶ。近くには、日本伝統文化の象徴、歌舞伎座もある。渋谷、原宿、表参道は若者のファッションの発信地である。新宿歌舞伎町は日本有数の繁華街だ。移転問題で揺れてはいるが築地市場のセリは、早朝から外国人観光客に大人気だ。

日本食は、今や世界中で大ブレーク。寿司、天ぷら、懐石、蕎麦、うどん、そしてラーメン。東京中どこへ行っても多様な料理とおもてなしを味わえる。

こうしたクール・ジャパンの発信地域や施設には、独特のホスピタリティがあふれている。日本人ならではのきめ細かなおもてなし、日本人ならではの緻密な運営システム、これら目に見えないサービスもまた外国人の心をつかむ。

東京には、このように銀座、秋葉原、原宿、渋谷、新宿、六本木、築地など外国人が憧れる「クール・ジャパン」がみなぎる観光拠点が数多い。街中に精選された魅力的なグッズやサービスが満ちあふれている。洒落た飲食店が軒を連ねている。

しかも、それらのショップや飲食店は、わが国ならではの磨き抜かれたサービス精神で運営されている。外国を旅した方ならおわかりになると思うが、世界有数の観光地であっても、サービスがなっていないことが多い。その意味では心のこもったサービスもまた「クール・ジャパン」の一部なのである。その証拠に、日本的なサービスの手法、つまりおもてなしの心を学ぶために日本を訪れる外国人もけっこう多いのである。

水路を活かせ、水路でつなげ！

私は、これまで紹介し、提案してきたいくつもの観光拠点を水路でつなぐことも面白いのではないかと考えている。

繰り返し説明してきたように、江戸の町には縦横に水路が張りめぐらされ、〝東洋のヴェニス〟とも言うべき「水彩都市」が形づくられていた。残念なことに、今や、それらの水路の多くは埋め立てられ、あるいは暗渠化されている。だが、江東区や墨田区、台東区といった東京の下町には、まだ「水彩都市」の面影が色濃く残されている。残っている水路が多いのである。

都心部などでは、浅くなっている水路を浚渫《しゅんせつ》する。そして、下町の水路と連結する。なにも、江戸時代の水路網のすべてを復元しなくてもいい。私個人にはすべてを復元したいという願望もあるのだが、とりあえず「東京丸ごとテーマパーク構想」の必要を満たすだけ復元すればいい。そうすれば、東京スカイツリーから、復元された江戸城天守閣を真上に眺めることのできる皇居・江戸城のお堀まで船で行き来できるようになるかもしれない。

荒唐無稽な大風呂敷ではない。その一部は、すでに先ほど紹介した日本橋復興の一環として実現されている。つまり、河岸としての日本橋の船着き場が一部復活したのである。

船着き場から川船に乗り、船遊びを楽しむ。最初は、「オイオイ、いったい誰が乗る

【水の都で楽しむ江戸の町人たち】

両国橋の上から、隅田川に浮かべた船から花火を楽しむ江戸の人々を描いた歌川広重の「新撰江戸名所　両国納涼花火ノ図」（国立国会図書館所蔵）

んだい」という慎重論もあったらしいが、船遊びが可能になり、ＪＴＢ系の会社がパッケージ化したところ、われもわれもと乗船希望が殺到し、大人気になってしまった。

面白いのは、この成功がきっかけとなり、「四区連絡会」も発足してしまったことである。四区とは、前述の江東区、墨田区、台東区、それに中央区である。こぞって水路を広げ、浅くなってしまっているところは浚渫し、広い範囲にわたって東京内陸の船旅を楽しめるようにする。なんのことはない。私が考えている「観光拠点を水路でつなぐ」という構想は、すでにかなりの程度まで実現されかかっているのである。

そこで私は、さらに斬新な構想を提案したいと思う。東京内陸の水路に〝水陸両用バス〟を運行させるというアイディアである。ほとんどの旅程は水路を行く。水路では無理なところがあったら陸を行く。もちろん、水路網から離れたところも陸を行く。これなら、「東京丸ごとテーマパーク」のすべての観光拠点をひとつの乗り物で周遊することができるではないか。

これまた荒唐無稽な大風呂敷ではない。富士五湖をはじめ、湖沼地帯を抱える全国の多くの観光地では、すでに水陸両用車の使用は当たり前のことになっている。シンガポールでは、水陸両用車は観光バスとして、町を入江を所狭しと走り回っている。その水陸両用車の大型のものが、私の考える乗り物である。

実は、すでにスカイツリー近辺でも水陸両用バスが運行を開始している。36人乗りの「スカイダック」で、運用している日の丸自動車興業の話によると、旧中川で15分から20分間、水上を走行するという。大変な人気で、週末はほぼ満席。予約はなかなか取りづらいらしい。また、余談だが、私の紹介で横浜港周辺でも「スカイダック」の運用が始まった。

こうした水陸両用バスを使って、あるときは運河や東京湾クルーズをしながら、またあるときは公道をドライブしながら、つまり、進水と上陸を繰り返しながら東京の街を周遊し、観光スポットをめぐる。これで、まさに遊園地に行った気分になれる。ハラハラ、ドキドキの楽しさいっぱいの東京観光が実現する。

つい最近、東京都が、こうした私の夢をバックアップしてくれる大いなる構想を立ち上げた。中央卸市場が江東区豊洲に移転した後の築地市場跡地に、河川運輸の拠点をつくろうという構想である。

築地市場跡地全体の活用策は未定だが、伊豆諸島からの鮮魚の荷揚げなどに使っている桟橋を解体して整備し、平成36年度（２０２４）までに複数の船が同時に接岸できる船着き場を設けて水路を使った観光の拠点にする計画だ。そこには、待合所が入ったテラスも河岸に整備する。そして、中央卸市場が豊洲に移転した後も築地に残る場外市場や銀座に近い地の利を活用し、東京観光の拠点にするという構想だ。まさに、江戸時代の「川の駅」の再現である。わが意を得た思いだ。

ただし小池知事の移転延期の決断で、現時点ではどうなるかわからない状態だが。

構想の中心に建つ江戸城天守閣

このように東京には、国際観光都市として発展するために、まだまだ足りない部分と、他都市にはない魅力的な部分が混在している。そこに新しい価値を創造して再構築していく戦略が「東京丸ごとテーマパーク構想」なのである。

少々ややこしい解説になってしまったので、もう一度、整理して概略を説明しよう。まず、東京と江戸の歴史・伝統・文化を探索するゾーンとして、復元した東京駅の赤レンガ駅舎に加え、江戸城天守閣、日本橋魚河岸、浅草の御蔵の復元をする。新たな歴史・文化ゾーンの創造である。

次に、お台場にＩＲ（統合型リゾート）を建設して、カジノ、ホテル、ショッピングモール、劇場、国際会議場、大型展示場を整備し、国内外から大勢の観光客、ビジネス客を集客する。すでにお台場にある既存施設とも結び付け、この地域をエンタテインメント・ゾーンと位置づけて開発を進める。

そして、東京スカイツリーと東京ディズニーランドは既存のアミューズメント施設として、付加価値を高めて集客の牽引車の役割を果たしてもらう。

以上の３つのゾーンをこれまでの陸上交通に加えて、水路を使ってネットワーク化する。東京湾、隅田川、運河を利用して、さまざまな水上交通を使って移動の利便性を高めていく。さらに、利便性だけではなく、ランチクルージングやディナークルージングなどで快適性も高める。

もちろん、この新しい交通ネットワークの目玉は水陸両用バスになる。進水と上陸を繰り返しながら、それぞれの観点拠点を周遊する。道路からの景色と水路からの風景をひとつの乗り物から楽しめる。行きはレインボーブリッジを渡り、帰りはくぐって戻る。こんなに楽しくて面白い東京周遊が実現できる。ワクワク、ドキドキの連続だろう。こうして東京が丸ごとテーマパークになる。国内外からの観光客を楽しませ、喜ばせる新しい時代の新しい発想による東京観光が発展していくに違いない。

さらに、この周遊のなかには、前述したクール・ジャパンの発信地を組み合わせ、おもてなしの心をもってのサービスも加われば、その魅力はますます高まっていく。

これが、世界中の人々が楽しめる街ＴＯＫＹＯ、すなわち「東京丸ごとテーマパーク構想」なのである。実現できれば、必ずや東京を訪れる観光客が増加していくことだろう。

これまで訴えてきた「東京丸ごとテーマパーク構想」を平成32年（２０２０）開催の東京オリンピック・パラリンピック大会を契機に充実させることができれば、世界中からの来訪者を楽しませることができるし、経済波及効果もさらに拡大できるに違いない。

この構想の中核になるのは、やはり、江戸城天守閣にほかならない。日本の歴史、伝統、文化の象徴として東京のど真ん中にそびえ立つ凛々しい雄姿。周辺の高層ビルや東京スカイツリーとのコントラストも日本の過去、現在、未来のつながりを感じさせる。背景に富士山をいただけば、まさに日本を代表する絵葉書そのものではないか。

カイロのピラミッド、北京の紫禁城、パリのベルサイユ宮殿や凱旋門、モスクワの赤の広場などにも負けない都市の顔になるに違いない。これまで東京という大都市には、都市の顔、都市の象徴と見なされるものがなかった。江戸城天守閣は、江戸、東京という都市の歴史や文化を考えると、まさに東京の顔となるべき存在なのである。

だからこそ「東京丸ごとテーマパーク構想」は江戸城天守閣を中核として、各観光拠点をネットワーク化して、初めて求心力が生まれてくる。私はそんな風に考えている。

江戸城本丸御殿の再建も夢ではない

「東京丸ごとテーマパーク構想」の中核としての江戸城天守閣復元、それは将来的にさらなる広がりを想定することも可能だ。

現在、江戸城の天守台が残されている皇居東御苑は、旧江戸城の本丸、二の丸、三の丸の一部を宮殿の造営にあわせて皇居附属庭園として整備されたもので、昭和43年（1968）から公開されている。年末年始と月・金曜以外は、一般人が自由に見学できる、いわゆる公園のようなものだ。

一般公開されている東御苑なのだから、そこに天守閣が再建されたとしても、そんなに違和感はないであろう。両陛下がお住まいになる吹上御苑内の御所からは、蓮池濠と乾《いぬい》通りを隔てて650メートル以上も離れており、両陛下の平穏な生活を妨げることにはならないと思う。構造的に工夫をすれば、安全上の問題もクリアできる。つまり、皇居と江戸城天守閣は十分に共存できるのだ。

であるならば、東御苑に天守閣と同時に、同時が難しいのならば、天守閣に続いて本丸御殿も再建できれば素晴らしいではないか。

城郭の象徴である天守閣と、将軍や大名が居住し、客を招き、執務を行った本丸御殿は、まさに城郭の中枢であり、一心同体ともいえる。名古屋でも、名古屋城の本丸御殿の復元に続いて天守閣の木造復元を目指している。

江戸城にも、あの「大奥」や「松の廊下」があった巨大な本丸御殿が存在したのは誰もがご存じであろう。

この本丸御殿は、南から北に表・中奥・大奥へとつながっていた。表は将軍謁見《えっけん》や諸役人の執務場、中奥は将軍の生活空間であるが執務も行っていた。そして大奥は将軍の夫人や女中が生活する空間だ。この本丸御殿には、大広間、白書院、黒書院、御座の間などの公務スペースをはじめ、100室を超えるプライベートスペースがあったそうだ。

ここでさまざまな人間ドラマが繰り返されてきたことを想像するだけでワクワクする。

しかし、この本丸御殿は慶長11年（１６０６）に初めて造営されて以来、何度も火災に見舞われ、再建・焼失を繰り返している。そのため、再建するにしてもどの時代のものにするのか、設計図は残っているのかなど、さまざまな問題を抱えている。本丸御殿については、当時の見取図などから想像して、時代考証を経て木造で再建するしかないだろう。規模も柔軟に考えよう。問題は現代に活かすためにどう使うかである。

かつての大奥を伝統文化のショーケースに

そこで提案したい。

新しい本丸御殿を、日本の、特に江戸時代の伝統文化の殿堂・ショーケースとして再建してはどうだろうか。

武道、茶道、華道、舞踊、雅楽、伝統工芸などの展示や実演を見学したり、体験できる機能を結集する。日本の食文化やおもてなし文化を披露するために飲食機能も提供する。さらに、能や歌舞伎を演じるための小劇場も設置する。国際会議を開くための伝統木造構造の会議室やパーティールームも併設してはどうだろうか。さらに、江戸時代絵画の代表として、世界中で人気のある浮世絵美術館をつくったら面白い。

江戸城本丸御殿の再建によって日本が誇る伝統文化（物質文化と精神文化）を体験・実習・教育・普及するためのショーケースを創り上げる。そこに、日本中、世界中から観光客が訪れ、多くの人々に日本の素晴らしい伝統文化を学ぶ機会を提供する。つまり、クール・ジャパンを世界にアピールするためのショーケースだ。

この日本文化の殿堂を、民間からのプロポーザル入札で、企画から建設まで提案してもらう。そして、施設運営も多くの民間企業・民間団体の参加を募り、民の力を結集して活力ある運営を目指す。こうして民営の本丸御殿で活力を磨き、魅力を向上させれば、世界中から来場客が絶えないだろう。まさに、千客万来の新御殿が出現するに違いない。

天守閣と同じように、PFIやPPP方式を導入することで、建設費や維持管理費を民間資金で賄うことができる。来場客が増加すればするほど入場料収入は増加し、本丸御殿の建設費のみならず、江戸城や皇居全体の維持管理費を生み出すことも決して不可能ではない。

さらに、天守閣と本丸御殿を同時に再建できれば、相乗効果は無限大で、まさに「民間の民間による民間のための公共事業」という世紀のビッグ・プロジェクトとなるだろう。

これは決して夢物語ではない。江戸城の天守閣と本丸御殿には、歴史のミステリーが潜んでいる。日本の伝統と文化には、世界中の人々にクールと言われる魅力がある。そして、日本人には民の力でプロジェクトを推進する知恵がある。求められるのは、行政の柔軟な発想と政治の決断である。こうした力を結集できれば、いつか必ず実現できる。夢は空想で終わらせてはならない。

いかがだろうか。これが江戸城再建を中核とする「東京丸ごとテーマパーク構想」の全容である。政府は、平成28年（２０１６）現在、年間２０００万人のインバウンド（来日観光客）を目指すことを宣言した。そのためにもこれくらい夢のある大胆な観光振興策を推進してほしいものだ。

第6章 これが甦った江戸城天守閣の実像だ

「江戸城天守を再建する会」の活動

私のもとには、さまざまな賛同や協力の声が寄せられている。多くの企業や団体が、復元運動が動き始めたら全面的に協力したいと願い出てくれている。

それどころか、すでに具体的な運動を推進している団体が存在するのだ。NPO法人「江戸城天守を再建する会」である。平成16年（２００４）に任意団体「江戸城再建を目指す会」として発足し、平成18年（２００６）にはNPO法人としての設立登記を行い、平成23年（２０１１）には寄付金に対する税制上の優遇措置（個人の場合、この団体に10万円寄付すると、その半分の５万円が寄付者に還元される）が得られる認定NPO法人になっている。

この会は、平成25年（２０１３）２月の総会で名称を「江戸城再建を目指す会」から「江戸城天守を再建する会」に変更した。「天守を」と活動目標をさらにクリアにし、また、「再建を目指す」ではなく「再建する」として、行動する会という色彩を強めたわけである。

さらに、現在では、これまでの研究・普及中心の活動から、実現に向けての事業主体を目指すべく、一般財団法人への移行を検討し、その可能性を議論している。

この「江戸城天守を再建する会」は、最終目標として、「皇居東御苑に遺された台座の上に江戸城天守閣を再建する」ことを掲げている。

さらに、その江戸城天守閣の再建を実現することによって、

①世界が認める日本固有の歴史と文化を再発見、再評価し、日本再生への道を目指す。
②再建江戸城を、魅力と活力のある国づくり、「観光立国」のシンボルにする。
③再建江戸城を平和の砦として、人際、国際交流の一大拠点とする。

という３つの改革を成し遂げることを目指す。

同会の会長は、太田道灌公の第18代子孫の太田資暁《すけあき》氏が務めている。太田氏は会の目的についてこう話す。

「徳川時代の初期の50年間、江戸には我が国最大の５層もの天守がそびえ立っていました。私たちの再建運動は、この遺産を再現して後世に伝えることが目的です。日本の城の形は世界のどこにもない、戦国時代の苦難のなかから生み出された独特の美しさを備

えています。我々の願いは我が国の類い稀な歴史と文化、伝統のシンボルを後世に残すことでもあります。壮大な夢が1日も早く国家プロジェクトになることを望みます」

同会理事長の小竹直隆氏は、この再建運動を進めるミッション（使命）について、次のように語る。

「東京は世界五大都市のひとつと言われているが、ロンドンの時計台、バッキンガム宮殿、パリの凱旋門、ベルサイユ宮殿、北京の紫禁城（故宮博物院）、ニューヨークの自由の女神など、東京を除く世界都市にはことごとく、その国の歴史、伝統と文化を代表するモニュメントがある。しかし東京には、この国の未来に語り継ぐべき代表的な〝記念碑〟と言えるものが、どこにあるだろうか？」

「この国はどこへ行こうとしているのか。第二の開国を迫られつつある日本にとって、海を渡って押し寄せるグローバリゼーションの大波は、もはや避けて通ることはできない。しかし、その為に、この国が長い歴史のなかで育み、伝承してきた世界に類を見ない日本独特の伝統と文化は、どこに行くのであろうか。それは日本人が日本人として生きていくための〝アイデンティティー〟そのものであり、決しておろそかにされてはならない、と考える」

「そのなかで、江戸城寛永度天守閣は、日本で造られた数多くのお城の最高到達点であり、しかもこの天守閣は、江戸時代における繁栄の基礎が築かれた江戸寛永文化の最高傑作（ヴィンテージ）のひとつだと言われている。大きさも台座を入れて高さ59メートルで、大阪城や名古屋城をしのぎ、体積では現下最大の姫路城の3倍相当となる。それだけに、この類いまれな大きく美しい天守閣を再建することによって、後世の若い人たちに、この国の未来に夢と希望、自信と誇りを持たせてくれる記念碑になるのではないか。そうした意味で、私たちは、このお城が、魅力と活力ある新しい国づくりの、そして日本再生のシンボルになると信じて、この江戸城寛永度天守閣再建の運動を進めている。広く、国民各界、各層の皆さまの、ご理解とご支援をいただきたい」

敬服すべき素晴らしい理念であり使命感である。私の考えと一致する点も多く、入会させていただいた。私としては得難い同志を得た思いであり、全面的に応援していきたい。

なお、太田資暁会長には、平成27年（２０１５）5月に私が主宰する「首都圏政策研究会」でも講演していただき、その際、いくつかの問題提起があった。
「現在、建地割図など残された資料をもとに専門家に復元構想づくりを依頼していると
ころで、これらは公式見解ではないが、建築費は400億円ほどと言われています。資
材用木材には、樹齢500年以上の檜が必要だが、真柱《しんばしら》としては40か50本あれば十分な
はずなので、国有林から調達可能と考える。また、復元の技術は、現在、国内に100
人ほどの宮大工がおり、江戸城天守閣の再建となれば、彼らが全国から馳せ参じてくれ
るでしょう」
大変参考になる重要な情報である。
さらに平成24年（2012）2月の総会では、今後の再建運動展開構想（ロードマッ
プ）も発表された。
それによれば平成26年（2014）を起点に、
①政官財各界各層との連携を深め、建設実施主体と今後の事業運営主体構想を固める。
②江戸城寛永度天守閣の構造設計を固め、文化庁、国土交通省、宮内庁などへの出願を
進める。

③築城、活動資金は、基本的には（税金ではなく）民間の個人、企業、団体からの寄付を集めるとの観点から、幅広い募金活動を進める。

④建築許可を得しだい、伝統工法による木造の築城工事を進め、できれば夏季オリンピック東京大会が開催される２０２０年をめどに、江戸城寛永度天守閣の復元を目指す。

そのスタートとして、平成25年（２０１３）の4月には「第三者機関・日本都市計画学会」に江戸城再建運動の客観的な妥当性の評価を依頼し、同時に「シンクタンク・日本経済研究所」には、経済波及効果と雇用創出効果の調査を依頼した。どんな調査結果が出てくるか、ワクワク、ドキドキであった。

復元費用３５０億円で、初年度経済効果は１０００億円、雇用８０００人

その調査結果は平成25年（２０１３）10月25日に公表された。都庁で記者会見が開催されたのだが、席上、寛永度天守再建検討委員会のキーパーソンの発言を紹介しよう。

まず、日本都市計画学会は、「江戸城寛永度天守閣は、未来都市東京のシンボルになる」と結論づけた。

「海外では、ベルリン王宮再建など歴史的ランドマークを再生した都市づくりが盛んだが、現在の東京には中心がなく、文化、交流のシンボルを創る必要がある。このような観点から、皇居東御苑に江戸城寛永度天守閣を再建する時節が到来した、と考える」

（伊藤滋日本都市計画学会元会長／早稲田大学特命教授）

「都市政策的観点から、江戸城寛永度天守閣を中心に、皇居周辺の歴史的資源を活用し、日本の伝統文化を世界に発信する拠点として、大手町、丸の内、日本橋を中心に『歴史街づくり再生ゾーン』を整備するよう、提案する」（中井検裕日本都市計画学会副会長／東京工業大学大学院教授）

「江戸城寛永度天守閣を木造で再建することは、資料、設計、建築技術工法のいずれの視点からも可能である。再建が実現すれば、世界最大の木造建築として、日本の伝統木造技術を世界に発信することができる。建築工事費は、総計約３５０億円と想定できる」（三浦正幸広島大学大学院教授）

次に、日本経済研究所は、「江戸城寛永度天守閣再建の経済波及効果は、初年度、約１０００億円」と発表し、小林寛行日本経済研究所上席研究主幹は、こう宣言した。

「江戸城寛永度天守閣の再建が実現すれば、東京、日本を代表するランドマークとして、内外の観光客に高い訴求力を持ち、外国人旅行者の誘致増加に大きな役割を果たすことは確実である。天守閣再建の完成後、初年度の経済波及効果は１０４３億円、雇用誘発効果は８２４０人と想定できる。公共側の新たな財政負担が困難な場合でも、ＰＰＰ（官民連携）事業により、築城資金の調達と天守閣再建工事、並びにその後の事業運営主体による事業運営構想を描くことは可能と考える」

さらに、小林氏は、具体的に次のように詳述した。

「経済波及効果は、産業連関表をもとに計算した。再建するためにはまず木材が必要になる。木材を伐採、加工するための機械や労働者の賃金が必要になる。その給料で物が買われる。そういう産業の連鎖活動で、経済が発展するという考え方である。

その結果、私どもの試算では、開業1年目で５００万人の来場者があることを前提に、江戸城天守閣の再建による経済波及効果は１０４３億円、雇用誘発効果は８２４０人ということになった。これには、入場料、ミュージアムショップ等での買い物代なども含まれる。
他の事例と比べると、スカイツリーの初年度の入場者数は638万人、東京タワーは520万人、江戸東京博物館は265万人であるから、500万人というのは決して低い数字ではない。お城の関連でいえば、熊本城本丸御殿の復元初年度は220万人、なので、熊本と東京、天守閣と本丸御殿の差を考えても、500万人は十分に可能な数字と考えられる。（※なお、大修理後再公開された姫路城天守閣は平成27年（2015）の入場者数280万人）
入場料は1200円と仮定した。通常、お城（天守閣）の入場料相場は500〜600円だが、江戸城では倍の1200円とした。決して高い数字だとは考えていない。
建設費用は、日本都市計画学会で約350億円と試算されたが、その投資に対して、入場料収入40億円（入場者数500万人×入場料平均単価800円＝40億円）、物販収入30億円（入場者数500万人×物販平均単価600円＝30億円）の合計70億円の収入というのは、十分民間ベースで採算が可能な数字と考える」

江戸城天守閣ほどの集客力のある観光施設ともなれば、このように入場料収入だけでも採算はとれる。それに寄付金も加えれば建設費、維持、管理費、運営費もじゅうぶんに賄うことができ、利益を生むことも不可能ではない。

「公設民営」方式での復元、運営を目指す

ここで問題になるのは、江戸城天守閣の復元事業では、いったいどこが事業主体になるのか、ということだ。名古屋城はじめ他の城は、地元の自治体が所有していることがほとんどなので、城の復元・修復などは地元自治体の事業となる。しかし、江戸城東御苑は宮内庁が管理する皇室財産であるため、地元自治体が事業主体になることができない。

そこで、日本経済研究所は、斬新な提案を試みた。

「民間で天守閣再建を図る場合には、コンセッション方式によるＰＦＩを民間事業者として提案し、他の城郭復元プロジェクトと一緒に国家戦略特区に応募することが一案として考えられる」

ここで言う「コンセッション方式」とは、高速道路、空港、上下水道、博物館などについて、施設の所有権を発注者（公的機関）に残したまま、運営を特別目的会社として設立される民間事業者が行うスキームを指す。言い換えれば、ある特定の地理的範囲や事業範囲において、事業者が免許や契約によって独占的な営業権を与えられたうえで行われる事業方式のことだ。ひと言でいえば「公設民営」ということになろうか。

次に「ＰＦＩ」とは、「プライベート・ファイナンス・イニシアティブ」の略で、公共施設等の設計、建設、維持管理および運営に、民間の資金とノウハウを活用することによって、効率的かつ効果的な公共サービスの提供を図るというスキームである。

さらに「国家戦略特区」とは、第２次安倍内閣が成長戦略の目玉のひとつとして掲げたもので、規制緩和によって地域振興と国際競争力向上を目的に設定する経済特区のことだ。

つまり、江戸城天守閣の再建は、国家戦略特区のなかで位置づけたうえで、民間事業者が再建の提案を競い合い、選ばれた事業者が、民間資金によって、国や地方自治体と連携しながら迅速に推進するという提案である。この「コンセッション方式」を採用できれば、宮内庁としてもさまざまな効用が期待できる。
①復元天守閣の所有権者は宮内庁である
②施設整備に伴う財政負担を負わない
③事業期間内は事業リスクを事業者に移転できる
④事業期間終了後の事業見直しが可能である
⑤将来的には、皇居・江戸城全体の造営のための財源とすることも可能となる
このように、日本経済研究所が提案する「コンセッション・ＰＦＩ方式」を採用できれば、まさしく私が訴える「民間の民間による民間のための公共事業」が実現できる。新しい価値を生み出すこの提案に拍手を送りたい。

これらキーパーソンたちの発言を受け、記者会見の最後に小竹直隆理事長は次のような抱負を述べた。

「２０２０年までに江戸城天守閣再建の夢を実現させるためには、文化庁、国土交通省、宮内庁、そして東京都などに出願するにあたって、２０２０年までの『ロードマップ』すなわち、建築主体やその後の事業運営主体構想の具現化、政官財各界各層とのネット

ワーク拡大、建築、活動資金確保のための寄付金集めなど、容易ならざる難題が山積している。それだけに、あくまでも市民団体としての運動の原点を堅持しつつも、上記の諸課題を実現させるため、坂の上の雲……ならぬ天守閣再建を目指し、一歩一歩前進していきたい」

こんなことがあるのだろうか。すべて私が考えてきた江戸城天守閣復元構想とほとんど同じ内容なのである。まさに青天の霹靂《へきれき》。強力な同志を得た思いで、頼もしい限りだ。今後は先生方のご指導をいただければ大変ありがたい。

復元するのは家光が建てた3代目天守閣

それでは、具体的に、江戸城天守閣をどのように復元すべきなのか。また、それが技術的に可能なものか。まず日本都市計画学会による「江戸城寛永度天守再建調査検討委員会報告書」を参考に検討していこう。

前述の通り江戸城天守閣は過去に3回建造されている。

初代の慶長度天守閣は、徳川家康によって慶長12年（１６０７）に建てられた。現在の天守台よりかなり南方に位置したこと、屋根に鉛瓦を用い外壁が白い総塗籠《そうぬりごめ》（東西南北すべてを厚い土壁で覆った造り）で「雪山」のような美しい外観であったことは知られているが、それ以上は不明である。

2代目の元和度天守閣は、２代将軍徳川秀忠により元和９年（１６２３）に建てられた。この時期に本丸が北側に拡張され、天守閣の位置も北側へ移されて現在の天守台と同じ場所となる。幕府御大工頭《おんだいくがしら》を務めた中井家に伝わる建地割図（外壁を落として内部を描いた立面図兼断面図）によって構造は知られている。３代目天守閣と似通っているが、梁の掛け方や窓の大きさが異なり、また4階に千鳥破風がついている。最上階だけを銅瓦葺とし、外壁は白い総塗籠だったとのことだ。

そして3代目の寛永度天守閣は、３代将軍徳川家光によって寛永15年（１６３８）に建造された。位置は元和度天守閣と同じく現在の天守台の場所である。平面規模や各階の高さなどは、元和度と同じであった。

幕府作事方大棟梁を務めた甲良家に伝わった「江府御天守図」があり、この建地割図

（平面指図も付記）は元和度のものよりもはるかに詳細で、各部の寸法の書き込み、鯱（屋根の大棟の両端に乗せた飾り）の記載もあるので、各階平面と断面・立面に復元することができる。これが復元に際してはきわめて重要なのだ。

また、「江戸図屏風」（口絵参照）には、黒い外壁、銅瓦葺の屋根、金色の飾り金具、金鯱の姿が描かれている。さらに、外観を立体的に描いた2点の絵図「江戸城御本丸御天守閣建方之図」「同外面之図」が寛永度天守閣の図とされている。これは幕末から明治期に「江府御天守図」などを参考にして作成されたものと考えられる。

明暦3年（1657）の江戸大火（振袖火事）で寛永度天守閣は焼失してしまうが、その後再建する計画で天守台の再築が行われている。これが万治《まんじ》元年（1658）に、加賀藩前田家によって普請された万治度天守台である。今も皇居東御苑に現存する立派な天守台だ。位置は寛永度と全く同じで、天守台上端の平面規模、穴蔵（地階）の入り口、穴蔵のなかの大きさも寛永度天守閣と一致する。

ところが、寛永度天守閣の高さは「7間」（約14メートル）だったが、現存の天守台は、どうしたことか「6間」で1間低く再築されているのだ。

なぜかといえば、寛永度天守閣が完成したときに、家光がこう悔いたからだと伝えられている。

「天守閣全体の均衡から見て、天守台石垣は１間低くしておけばよかった」

その失敗を修正すべく、上端の平面規模等は寛永度と全く同じものとし、高さだけは１間低くしたのである。つまり、現存天守台の上に寛永度と全く同じ天守閣を再建する計画であったということだ。

また、天守閣の平《ひら》と妻《つま》（屋根の棟と平行な面を「平」と言い、直角の面を「妻」と言う）の立面を彩色して描いた天守閣再建計画図が数点伝わっているが、寛永度天守閣と同じものであり、幕府は再建天守台に寛永度天守閣と同じものを再建しようとしていたに違いない。

以上により、資料上で詳細に構造・意匠が判明する寛永度天守閣を、現存する天守台に再建することが妥当であろう。

先にも述べたが、明暦の大火の後に天守閣再建が実現されなかった理由は、天守閣が不要となったからではなく、幕府の財政難によるものであった。天守閣が存在しないのは必ずしも本来の江戸城の姿ではないのだ。万治度天守台再築という事実から見ても、本来は天守閣再建が目指されていたと明言できよう。

こうして「調査報告書」から、江戸城天守閣復元の正統性が証明されつつある。学者や専門家の皆さんに、さらなる理論武装を期待したい。

寛永度天守閣の驚くべき姿と価値

専門家から見て、江戸城天守閣の歴史的価値はどのように評価されているのだろうか。

結論から言おう。

「江戸城寛永度天守閣は、史上最大の天守閣であり、天守閣発展の最高到達点を示す建築であり、最先端技術を応用した新型天守閣であり、泰平の世を目指す美徳を備えた城郭建築であった」

ということである。

ここからは、広島大学大学院の三浦正幸教授（江戸城天守を再建する会特別顧問）に

【江戸城寛永度天守閣の特色】

バランスのとれた美しい層塔型天守閣

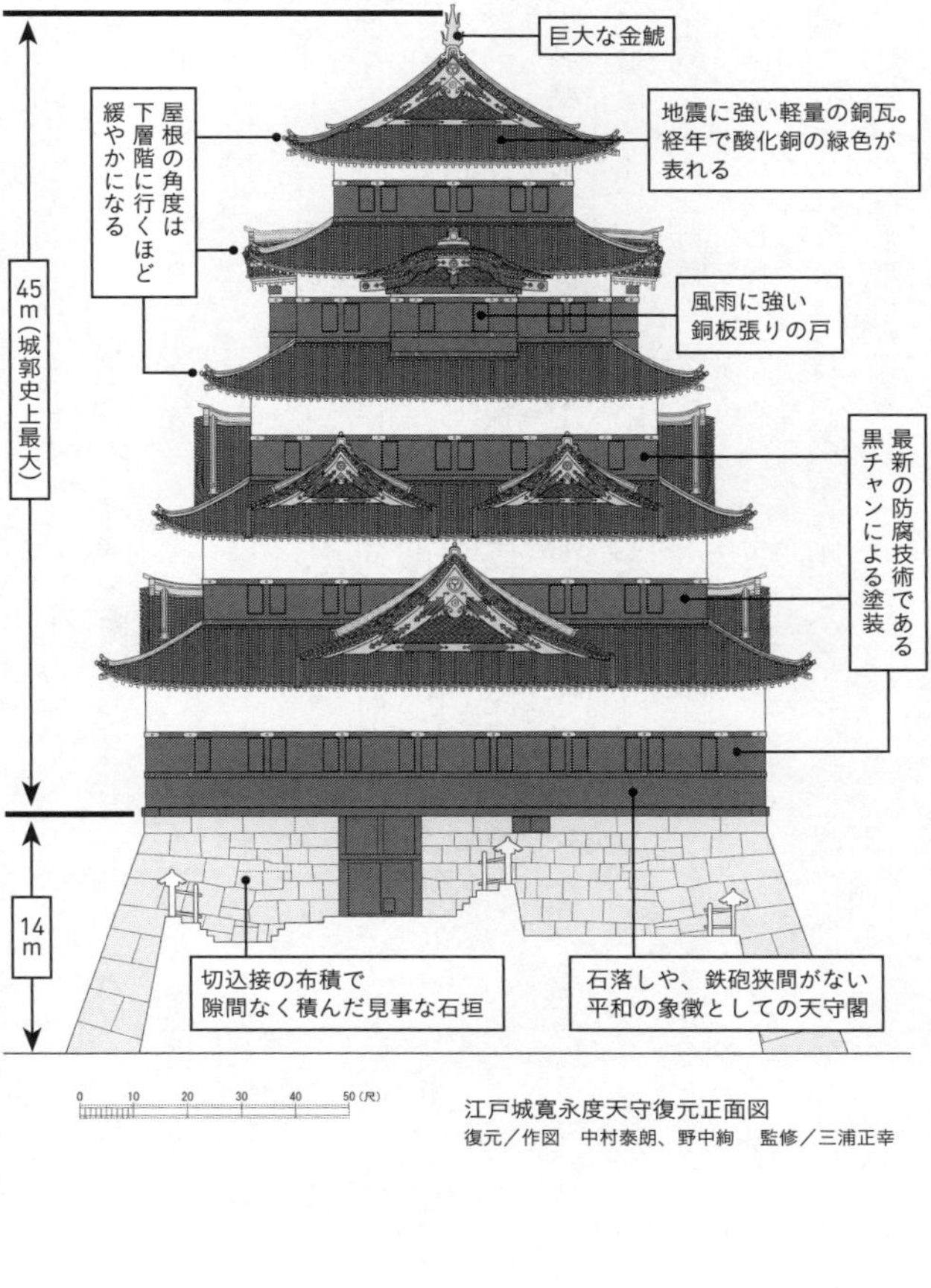

江戸城寛永度天守復元正面図
復元／作図　中村泰朗、野中絢　監修／三浦正幸

よる「江戸城寛永度天守復元調査報告書」を引用しながら解説しよう。

天守閣の外観は5層。内部は地上5階、地下1階である。天守台を除いた天守閣本体は約45メートルの高さがあり、現代建築でいうと15階建てのビルの高さに相当する。これは大阪城、名古屋城をしのぐ、全国一の高層天守閣である。そして、人が上れた日本史上最も高い木造建築でもあった。

また、床面積も史上最大で、1階には24畳間と18畳間がなんと8室ずつも並び、その周りを武者走りと呼ばれる広い入側《いりがわ》(廊下部分)が取り巻いていた。1階の天井高も史上最大。現存の木造住宅の3階分に相当する巨大な屋内空間を誇る。

現存最大の姫路城天守閣ですら、1階の床面積は江戸城の半分以下、総高は3分の2ほどで容積は3分の1に届かないということだ。

江戸城天守閣のような高層建築になると雨が真横から吹きつける。普通、天守閣には横に引く分厚い土戸が使われるが、それでは防火・防弾には優れていても雨には弱い。そこで江戸城天守閣では、突き上げ式の銅板張りの戸を外側に吊っていた。これは他の城にはない、最先端の技術だった。

戸に限らず、銅板の使用は江戸城天守閣の先進技術であり最大の特徴である。壁と言わず屋根と言わず、その外観は銅ずくめ。他の城の天守閣の外壁は、姫路城のように白い漆喰を塗るか、あるいは熊本城のように黒い板張りにするかのどちらかである。漆喰は美しいが雨には弱く耐久年数が短い。板張りは耐久年数は比較的長いが、見栄えがよくない。

そこで、江戸城天守閣では、外壁に銅板が貼られ、最新の防腐技術である「黒チャン」が塗られたのである。「黒チャン」とは、江戸時代初期に発明された当時最新鋭の塗料。松の根っこを燃やした

【城の高さくらべ】

【江戸城】
59m

【姫路城】
46.35m

【名古屋城】
55.6m

煤《すす》と松脂《まつやに》、荏胡麻《えごま》油を混ぜ合わせたもので防腐・防食に大きな効果を発揮した。

さらに、屋根瓦も銅板でつくられた銅瓦。これも同時期に建立された日光東照宮の本殿や陽明門にも使われた優れものだ。もちろん耐久性は抜群で、通常の土製の瓦では割れて雨漏りの原因となるが、銅瓦はその心配がない。

銅瓦の効用はそれにとどまらない。地震に対応するための耐震性能を大きく向上させた。土製の瓦は厚くて重く、しかも屋根面に接着させるために下地に粘土を敷くので、それらの総重量は莫大になる。したがって、地震に弱い。熊本地震での熊本城の被害を見ても想像できるだろう。それを銅瓦に替えると、屋根重量が30分の1程度に軽減され、地震によってかかる力も30分の1に縮小される。この総銅瓦造りの採用こそ究極の耐震工法なのだ。

このように、江戸城天守閣は、骨格は木造でありながら、最先端技術を駆使して造り上げた、まさに「銅の巨塔」であった。

また、江戸城寛永度天守閣は「層塔型《そうとうがた》」という新しい天守閣形式の完成形でもあった。織田信長の安土城天守閣以来、旧式の「望楼型《ぼうろうがた》」と呼ばれる天守閣（大きな建物の上に塔を建てる型）が各地で建造されてきたが、慶長12年（１６０７）に築城の名手、藤堂高虎によって新型の「層塔型」の天守閣が初めて造営された。これは各階ごとに床面積を逓減《ていげん》させ、屋根も上階に行くにしたがい角度を急にした、まさに塔の形態の天守閣で、防御機能や居住性能も飛躍的に向上させている。その完成形として、塔型で富士山のように美しいシェイプを形づくるのが江戸城天守閣なのである。層塔型天守閣の最高傑作であり、日本木造建築史上最も芸術性に富んだ作品のひとつと言えよう。

さらに、天守閣の役割という面でも大きな変化がある。

名古屋城天守閣などでは、各重の千鳥破風は内部に鉄砲狭間《てっぽうざま》を設けて射撃の陣地としていた。加えて、姫路城天守閣では、１階の隅部に外壁に張り出した石落が設けられ、各階の壁にも鉄砲狭間が至るところに並んでいる。一般に天守閣の外観は、攻撃・防御装置の集合なのだ。

ところが、江戸城寛永度天守閣では、破風の間《ま》を設けず、破風の役割を外観の装飾だけにしている。石落や鉄砲狭間はひとつも見えない。驚くべきことだ。

豊臣氏を元和元年（１６１５）に滅ぼすと、徳川幕府は「武家諸法度」を公布して、泰平の世を乱すもととなる城の軍備増強を禁じた。江戸城天守閣では、将軍も自ら武威を隠して天下に平和主義の模範を示したのではないだろうか。

つまり、家康が慶長度天守閣を建てた時期は、大坂城に豊臣秀頼がまだ君臨しており、秀頼を旗頭に西国の外様大名が結束して倒幕の兵を挙げる恐れがあった。前述したが、江戸城の慶長度天守閣は、名古屋城天守閣などとともに抑止力としての武力的な象徴性が必要だった。

それに対して寛永度天守閣は、戦乱の収まった泰平の世に建てられ、その永続を祈念するものだった。金の鯱鉾・銅瓦・銅板壁といった豪華で不変不滅の外観に加え、鉄砲狭間や石落といった攻撃・防御装置を一切持たない平和主義。こうした寛永度天守閣の崇高な姿には、3代将軍家光が目指した徳のある政治姿勢が窺えるのである。

それまでの天守閣には武家権力の象徴、軍事力の誇示といった狭量な存在意義があったのだが、江戸城寛永度天守閣には泰平の世を願う崇高な美徳があり、その意味でも天守閣史上で最高の芸術作品であった。全国に先駆けて泰平の世を目指す、かつてない〝偃武〟の天守閣となったのだ。

平和の象徴としての江戸城天守閣。これこそ現代にもふさわしい大きな価値を持つものであり、日本の首都の象徴たる資格があると言えるだろう。

木造建築技術の精華を未来に伝える

日本の建築技術は、世界のなかでも高い評価を得ている。世界一といわれる耐震性能は言うまでもなく、施工が丁寧で精密なこと、構造や細部意匠が合理的なことなど、世界の建築界の最先端を行くと言ってよい。

そうした現代建築とそれを支える匠の技は、日本の伝統的な木造建築が源流になっているのは間違いない。

木造建築においては、長い歴史のなかで、造形美や施工技術、そして耐久性能においても、日本が世界で最も優れており、ナンバーワンの座を確立してきた。これは世界が認める真実である。

この高度な木造建築技術の歴史的な蓄積があったからこそ、明治以後に西洋建築技術を受容し、それを飛躍的に発展させることができたのである。

飛鳥時代以来の木造建築の発展の集大成とも言える江戸城寛永度天守閣は、現代日本の建築技術の代表例としても位置づけることができよう。

45メートルの高さは現代建築の15階分に相当し、体積でも東大寺大仏殿に近い超巨大木造建造物であり、檜という木肌が美しく強度がある日本独自の木材がふんだんに使われている。もちろん松や杉も合わせて使う。そして、釘のみに頼らず、木材を巧妙に組み合わせて強度が得られており、日本以外の国では決して建造できないものであった。

木造建築技術における匠の技の結集こそが、江戸城寛永度天守閣なのである。

この伝統木造構造によって江戸城天守閣を再建することは、さまざまな効果を生む。

第一に、日本の伝統木造建築技術の伝承を図ることが可能となる。

日本には神社仏閣の建築を専門とする宮大工と呼ばれる大工がいる。多くを釘に頼らない木組み工法で精巧で美しい木造建築を手掛ける、まさしく匠の技を誇る集団だ。しかしながら、厳しい徒弟制度の伝統もあり、後継者が減少し続け、かつては数百人いたのが、今では100人ほどしかいないといわれている。

宮大工という仕事に夢を抱く後継者を育成するためには、ビッグ・プロジェクトが必要なのだ。江戸城天守閣を木造で完全復元するとなれば、全国から多くの宮大工が馳せ参じるに違いない。そうした機会を提供することによって、宮大工の意識を高め、技術を磨く。そして後継者をつくり出す。ひいては、日本の伝統木造建築技術、すなわち匠の技の承継につながっていく。

次に、国産材の活用により山林の再生、低炭素社会へ貢献できる。

天守閣造営に使用する木材は、柱、貫《ぬき》、土台、耐力板壁は国産檜材の無等級材となろう。梁は松であったが、大断面の松材は入手が難しく、また耐用年限を考慮すると檜材に替えるしかあるまい。真柱（建物の中央部を支える柱）には、樹齢５００年から１０００年の檜が40から50本必要だが国有林から供給可能とされている。他の資材は、樹齢が１５０年程度の檜材を想定しているが、明治初期に植林した人工林からの調達でほぼ十分ということだ。

ただ、全体でどれぐらいの資材用木材が必要なのか、真柱用丸太材は運搬可能かなど、今後の調査研究を待たなければならない。

これらの大径木《だいけいぼく》を伐採することで、放置された山林の利用が進み、二酸化炭素の吸収源となる森林の再生につながることは間違いない。

私たちは、日本が国土面積の3分の2を森林が占める、世界に冠たる森林大国であることを認識しなければならない。江戸城天守閣の建造を可能にした日本の檜、杉、松といった森林資源を日本が世界に供給することも、これからの日本の役割であろう。そして、世界一の木造建築技術と森林資源を日本が保有していることを世界に知らせ、アピールする最良の方法こそが江戸城天守閣再建なのだ。

この天下一の超巨大天守閣を往時と同じ木造で完全復元できれば、崇高な日本文化の本質と伝統木造建築技術の精華を日本はもとより広く世界の人々に伝えることができるのである。

復元の実現に立ちはだかるハードル

これまで、江戸城天守閣が復元できたら東京という街がどのように生まれ変わり再生するか、そして、江戸城にはどのような歴史と価値があるか、さらに、江戸城天守閣の文化的、技術的価値がいかに高いかについて、私なりの持論を展開してきた。読者の皆さんも賛成、反対を含めていろいろなご意見、ご感想があると思う。

本書で私は、ふたつの原則に則って江戸城天守閣を復元すべきと訴えてきた。ひとつは、明暦3年（1657）の明暦の大火によって焼失した寛永度天守閣の建地割図や絵図に基づいて木造での完全復元を目指すこと。ふたつ目は、復元のための資金は税金に頼らず、すべて民間からの寄付金や融資などの民間資金でまかなうことである。このふたつの原則を守ることができれば、このプロジェクトは大きな意義を持つ。

しかし、あるべき姿やそのための手法を唱えることは誰にでもできるかもしれないが、それを実現するとなると、そこには越えなければならないさまざまなハードルが待ち受けている。とりわけ、霞が関の壁、すなわち世界最強の日本官僚機構が立ちはだかっているのだ。

第1に建築基準法のハードルがある。

耐震、耐火対策のため、現状では木造建築は3階建てまでしか認められていない。5

層6階の木造天守閣を建造するのは、通常、不可能である。例外がないとは言えないが、建造のためには、一般財団法人日本建築センターで耐震耐火等の実証実験を行い、防災・構造安全評価を取得して安全性を証明する必要がある。コストがかかるうえに、証明できなければ鉄筋などでの補強が必要となり、完全復元とはならずに文化的価値にも疑問符がつく。

さらにバリアフリーや安全面での規制も受けるだろう。国土交通省がなんと言うか、ハードルは高そうだ。しかし、名古屋城本丸御殿復元工事や大洲城天守閣復元事業はこの建築基準法の第3条の適用除外規定によってクリアしているので、決して不可能ではない。

第2に、文化財保護法という文化庁のさらに高いハードルがある。

江戸城跡は城郭史上で特に学術的価値が高いとして、国の特別史跡に指定されている。特別史跡に特定されているのは、堀、石垣、土塁、門跡、天守台などである。文化財保護法では史跡における歴史的建造物の復元に対して厳しい規定を設けており、これが最大の難関である。

具体的には地元の千代田区と東京都の教育委員会から文化庁に申請し、文化審議会にかけて文化庁長官が許可するというプロセスをクリアしなければならない。ところが、考古学者や歴史学者などの専門家が多い文化審議会は史跡の保存を重視し、建造物の復元に関してはきわめて厳しく審査する傾向がある。

実際、駿府城や甲府城の天守閣復元計画にあたっては、復元の基礎となる資料の不足が理由となり、こうした専門家から事業自体に強い難色が示された。完全復元を目指すことができない場合、いたずらに現状の天守台遺構などに手を加えるのは、文化財保護の観点から望ましくないという趣旨である。もちろん、裏付けなき「復元」を進めるべきではないが、十分な資料がある場合には、前向きの議論をしていただければと思う。

第3には、天守閣のあった皇居東御苑は宮内庁の管轄ということがある。

「江戸城跡史跡指定区域図」によると、東御苑は宮内庁所管地内の皇室用財産の範囲に含まれ、天守台は公用財産とされている。このことから手続き上、先ほどの文化庁への申請に際して宮内庁の同意が必要となる。

天皇皇后両陛下がお住まいになる吹上御所と、堀を隔てて隣接する東御苑にある現存天守台に、江戸城天守閣が再建されることに対し、両陛下の平穏な生活を守ることを使命とする宮内庁としては消極的にならざるを得ないであろう。巨大な建造物が皇居のなかに出現し、そこに毎日多数の見学者が出入りするようになれば両陛下のプライバシーやセキュリティ、そして景観の問題でもさまざまな異論反論が出てこよう。

しかし前述した通り、吹上御苑内の御所と江戸城天守台は蓮池濠、乾通りを隔てて約650メートル離れており、その広さから見ても十分共存が可能だと考える。

その他にも民間団体が事業主体になる場合は、復元後の維持管理等においても東京都や千代田区といった地元自治体との緊密な連携協力が必要となるし、財政面や技術面を含めれば、クリアしなければならないハードルはいくつも想定される。

しかし、それは覚悟のうえである。これだけの大プロジェクトを推進するのであれば、さまざまな高く厳しいハードルが連なっているのは、当然といえば当然である。

もし、江戸城天守閣の復元が一挙に動くとしたら、それは安倍晋三内閣総理大臣が復元を国家戦略特別区域のプロジェクトに位置づけ、規制改革や手続きのスピードアップによって大胆に推進する決断を下したときである。

この特区構想は、国が定めた特別区域において、国と地方と民間が協力して経済社会の構造改革を重点的に推進し、それによって産業の国際競争力を強化するとともに、国際的な経済活動の拠点を形成することを目標にしている。

江戸城天守閣の復元は、まさに首都東京の観光事業の振興につながり、首都圏経済の発展に寄与するもので、特区のプロジェクトに位置づけることも決して不可能ではない。

安倍総理には是非ともご検討いただきたい。聞くところによると、江戸城再建について内閣官房で検討を始めたという話もれ伝わってくる。日本の歴史、伝統、文化の復興と日本経済の再生を目指す安倍総理に大きな構想力と大胆な決断力を発揮してほしいと切望するのは、私だけではないであろう。

総理大臣と文部科学大臣の官僚答弁

そんな思いを込めて、私は国会の場で「江戸城天守閣復元論」をぶち上げてみた。

まず、平成26年（２０１４）11月４日に開催された参議院予算委員会で、私の持論を展開し、安倍晋三内閣総理大臣の見解を問うた。すると、以下のような答弁が返ってきた。

「この江戸城の天守閣については、再建・復元を望む声もあることは十分に承知しておりますが、その一方、再建・復元を、では誰が主体的に行うのか、その財源や建築技術上の問題や遺構保全への影響など、さまざまな課題があるのも事実であります。

そこで、いわば武家の象徴としてこの江戸城はそびえ立っていたわけでございますが、明治維新以後、いわば陛下の御所としての存在というのがございます。皇居内に高層の建物を立地することによって、一帯の緑に囲まれた景観や周辺のプライバシーの維持確保といった課題があるわけでございまして、そういったさまざまな点を留意したうえで検討していく必要があるんだろうと思います。

同時にやはり、この東京の持つ文化的な発信をどのように行っていくか、ここも重要な点であるんだろうなと思いますので、そうした意味において、世界から日本の文化に触れることができるのは京都だけではないと思っていただけるようなことも考えていきたいと思います」

さらに平成28年（２０１６）３月10日、文化行政を担当する馳浩文部科学大臣（当時）に対し、参議院文教科学委員会でも見解を質した。答弁は次の通り。

「一般に史跡等の往時の姿を偲ばせる歴史的建造物を十分な歴史的根拠に基づいて復元することは、地域の活性化や文化振興に資するものであると考えております。

一方で、ご指摘の江戸城の天守閣復元を実現するためには課題があります。歴史的建造物の復元は、所有、管理する自治体が行うのが通例ですが、この場合、誰が実施主体となるのか、建築資金をどう確保するのか、十分な民間資金が本当に集められるのか。当時の建築様式で建造する際の耐震等の問題や遺構保存への影響、皇室用財産の使用に係る問題といった課題について、一つ一つ丁寧かつ慎重に、粘り強く検討していくことが必要であると考えております」

両大臣の答弁とも、言わんとしていることはわかる。しかし、なんとも官僚的ではないか。担当官僚が作成した答弁書を読んでいるのだから仕方ないかもしれないが、「総論賛成、各論反対」という、典型的な官僚答弁だと言ったら、言い過ぎだろうか。

小池都知事のイニシアティブに期待

ちなみに、東京都議会でもこれまでに何度か「江戸城天守閣を再建してはどうか」という質疑が本会議や委員会でなされている。本会議で最新のものは平成20年（2008）の石原慎太郎都知事（当時）の次の答弁だ。

「先日、民間のある有志の方々から、オリンピックを想定して、東京にあるようでないランドマークをぜひつくりたい、ひいては、例の振袖火事で消滅した江戸城をなんとかみんなで拠金して造りたいという申し出もございました。これは大変ありがたい申し出で、都もこれを歓迎し、これからできれば実現したいなと思っております」

一見前向きな答弁だが、その後石原知事が実現に向けて尽力することは全くなかった。それどころか、5期目の任期途中で職を投げ出し国政復帰してしまった。その後の猪瀬都知事、舛添都知事は相次いで辞職し都政は大混乱。大きな政策を立案・推進する力など全くなかった。

その後、都政の刷新を掲げた小池百合子都知事が圧倒的な支持を得て就任したが、築地市場の移転問題、五輪会場見直しなどを含め、東京の街づくり計画に関しても不透明な状態が続いている。都民から大きな支持を集める小池知事が、ビヨンド２０２０（東京五輪後）に向けて江戸城天守閣再建の旗を振ってくれたら、世論に対して大きなアピールになることは間違いないと思うのだが……。

大きなプロジェクトを動かすには、さまざまな課題があるのは百も承知である。前例踏襲主義、法律準拠主義、事なかれ主義の官僚体質を打破し、大所高所から変革を促すために大きな方針を決断するのが政治家の仕事ではないのか。残念ながら、現状の政治にはその活力はなさそうだ。多くの政治家を説得できるよう、今後も粘り強く問題提起を続けていきたい。

しかし、世の中、そう簡単に事が進まないのが現実である。この政治的、法律的、財政的、技術的にきわめて大きな困難を伴う大プロジェクトを進めるために、最も重要なものは何か。

それは、国民の支持であり、国民の意思である。私は、そう確信する。「東京を再生するために都民、国民が力を合わせて実現しよう」という強い意思があるかどうかである。

民主主義国家では、国民の強い意思があれば、必ず政治家が影響を受ける。政治家は国民の強い意志を体言するために法律遵守、前例踏襲、既得権擁護の官僚機構を動かす。そうして大いなる改革が実現していくのである。したがって、大きな改革、大きなプロジェクトを実現するために必要不可欠なのは、第一に強い国民の意思なのである。

ならば、それをどのようにつくればいいのか。

それは、江戸城天守閣復元の運動に、一人でも多くの国民の皆さんにサポーターとして参加協力していただくことである。

幸い、「江戸城天守を再建する会」がすでに、さまざまな活動を展開している。会員はまだ4500人程度だが、これが何万人、何十万人と増加していけば、それに伴って国民の意思も強くなっていく。その意味で、是非とも一人でも多くの国民の皆さんにこの会の趣旨、目的をご理解いただき、会員になっていただければと願っている。

そうしたムーブメントをつくり出していくためにも、学者・研究者などの専門家にとどまらず、政治家や評論家、そしてメディアも積極的にこの構想のあるべき姿を積極的に発信してほしい。

それともうひとつ、重要なことがある。

全国を見渡すと、東京以外にも「天守閣を木造で復元してわが町を再生しよう」と運動を進める城下町があちこちに存在することである。本書でも名古屋市の動きなどを紹介したが、全国の10を超える自治体で木造天守閣の復元運動が始まっている。

こうした地域とも連携を図り、緊密な情報交換をして協力体制をつくったらどうだろう。歴史、伝統、文化の復興、伝統木造建築技術の継承、観光振興、ふるさと創生という同じ目的を持った地域が、推進団体同士のネットワークを形成し、全国にこの運動の目標や意義を広めていく。この同志の結集と連携・協働が国民の意志をつくり、そして、地域おこしや地域活性化にもつながっていく。そうした連携が、日本の新しい「地方の時代」を創っていくのではないだろうか。

江戸時代の再評価が開く日本のルネサンス

江戸時代は「封建時代＋鎖国の時代＝暗黒の時代」という認識に染まっている人が多

いが、それは明治維新という政治革命を実行した人々が自分たちを正当化するために故意につくった偽りの歴史解釈である。

今こそ私たちは、徳川幕府が構築した分権型中央集権体制、そしてその体制がもたらした地域の活性化を再評価する必要があるのではないだろうか。

その中央集権体制の象徴になっていたのが江戸城であり、一方で地方分権体制の象徴となっていたのが全国各地の各藩の城なのである。つまりパックス・トクガワーナの平和と繁栄は、城郭ネットワーク、城郭体制と大きなかかわりを持っていた。

ならば、江戸時代に各地方の発展の礎となった城を復元し、現代に甦らせることによって、地域の活性化、都市の再生につなげることができるのではないか。

城郭や天守閣の背後には、その地域の歴史、伝統、文化が潜んでいる。その復元事業の過程で私たちは歴史を学び、歴史に学び、伝統や文化に思いを馳せるようになる。そして、それらの価値を認識し、将来の世代にも伝えていこうとするだろう。

そこに過去、現在、未来をつなぐ絆が生まれ、郷土愛や愛国心が育まれ、日本人としてのアイデンティティーが取り戻される。

さらに、復元された天守閣は、都市の歴史と文化を象徴する新しいシンボルになる。威風堂々としたその雄姿は訪れる人々に感動を与え、その都市で暮らす人には安心感と帰属意識が生まれるだろう。

そして、なんと言っても、歴史的価値を持ち、壮大で美しい天守閣の姿は、都市観光の目玉になることは間違いない。富士山や高層ビルと調和する江戸城天守閣の姿は、まるで絵葉書のような東京を代表する光景になるだろう。さらに他の観光資源とネットワーク化することで観光客は増加し、経済の活性化につながり、雇用が拡大していく。

この天守閣復元プロジェクトを地域住民や企業、団体の参加と協力、つまり民間主導で推進することができれば、民主主義の発展にもつながっていくだろう。市民参加型公共事業、官民連携手法（ＰＰＰ）事業の新しいビジネスモデルにもなり得るのではないだろうか。

このように、民間主導の天守閣復元事業は、政治的にも、経済的にも、歴史・文化の面でも、停滞した日本を活性化させるための起爆剤なのである。さらにいえば、地域の活力を呼び覚まし、日本を再生させるためのルネサンス＝文化復興なのである。私はこの構想を「文化の成長戦略」と名付けたい。

皇居の京都への移転は歴史の必然

さらに、私はもっと大きな夢を抱いている。

江戸城天守閣復元と本丸再建を、日本国全体の再構築と再生につなげるための究極の構造改革として、「皇居の京都への移転」を実現すべきだという大胆な構想だ。

もし、この大改革が実現すれば、東京は政治・経済の中心地、そして、京都と関西が文化・経済の中心地、という二元的な国家構造を持つことになり、東京の一極集中を緩和し、地方分権につながっていく。そして、皇居が京都御所に還ることによって、現存の皇居は江戸城郭として再整備ができ、御所は、両陛下の離宮として一部を残しながらも、博物館、美術館などに転用できるし、ニューヨークのセントラルパークのような緑豊かな公園として、また都民、国民、観光客に憩いの場として開放できる。

つまり、東京一極集中、関西の停滞、大都市の再生、地方創生など、日本が抱える構造的な課題を解決するための起爆剤となり得ると考える。

具体的にこの構想の意義について述べてみたい。

もちろん私は、日本の国柄として天皇制を支持している。万世一系による２６００余年の悠久の歴史を紡ぐ天皇制は、欧州などの王室とは異なる独特の価値を有しており、日本の誇る至高の財産とも言えよう。天皇制を頂く日本の立憲君主制は、日本が誇るべき国家体制である。

しかしながら、この天皇制において、皇居が東京にある必然性はない。そもそも、明治元年（１８６８）に明治天皇が旧江戸城に入られ、翌年に政府が京都から東京に移されたこと自体、もとの都を廃する「遷都」ではなく、あくまで新しい都を定めるだけの「奠都《てんと》」であるという専門家の研究・意見もある。

かつて、源頼朝や徳川家康が京都周辺から離れて鎌倉や江戸に幕府を開いたのは、皇室から権力を奪い、みずから政治的な実権者となるための知恵であり戦略であった。これに対して、明治維新とともに王政復古を宣言した天皇が京都を離れて東京に遷都したことは、その政治的権力の中心に復帰することを意味したのである。

そういった歴史を考えてみると、天皇が政治的権力の中心ではなく、民族の文化的永続性の象徴としてある場合、政治的経済的な中心である首都から一歩距離を置いた場所に皇居が置かれるのは当然なのである。

日本の歴史をかえりみると、中世以後、天皇が政治的実権を握っていたことは稀である。あるときは貴族が、またあるときは武家が政治権力を握り、天皇は国家統合の象徴としての権威を有していたと見るべきだろう。

例外的に、ある程度長期的に政治的権力を握ったのが、大日本帝国憲法下の明治、大正、昭和の3代のようだ。かつて、後鳥羽天皇（上皇）や後醍醐天皇は実権を武家から取り戻そうとして失敗した。もし、天皇が政治の実権を握っていたら、倒されて天皇制は継続していなかった可能性もある。現に終戦直後にも、その危機があった。

こうして歴史をふり返っても、天皇家は永く、京都・奈良を中心とする関西にその文化的基盤があったことは言うまでもない。明治維新で江戸改め東京に新政府がおかれ、それに合わせて明治天皇が江戸城を皇居としてお住まいになられたのは、日本が近代国家建設のために強力な中央集権体制を目指し、明治憲法において国家権力のトップに天皇を置く体制をつくり上げなければならなかったからだ。しかし、太平洋戦争の敗戦により日本国憲法が制定され、本来の象徴天皇制に戻ったのである。

こう考えると、やはり天皇陛下には、そのルーツである京都にお還《かえ》りいただき、政治権力から離れて、日本文化の権威の象徴として、二元的な国家体制に再構築すべきではないだろうか。

当然そこには、憲法に規定された天皇の国事行為や公的行為をどう調整するのか、などさまざまな課題に対応しなければならないが、リニア新幹線が完成すれば、東京〜京都間は1時間足らずで移動できる。距離は離れていても天皇や政府の活動に支障は少ないだろう。

幸い京都には、京都御所があり、和風の京都迎賓館もある。また、大阪の第二首都構想とも相まって、関西の再生・復権につながる可能性も考え得る。

明治天皇が東京に二度目の行幸をなされた明治2年（1869）をもって、東京遷都とされるが、折しも平成31年（2019）は遷都150周年にあたり大きな節目の年となる。これを契機に天皇の京都へのご帰還を議論してみるべきではないだろうか。

日本再生に向けてタブーなき議論を！

次に、皇居の京都移転が、東京そして日本の再生にどうつながるか考えてみよう。東京を中心とする首都圏3000万人の住民が、東京一極集中による人口過密の弊害を甘受し続けなければならないのはきわめて不幸なことだ。東京の負担を軽くし、東京を住みよい街に再生するためにも、皇居の京都移転は有効である。

皇居を京都に移し、現在の皇居に江戸城を復元し、あわせて「東京セントラルパーク（仮称）」として市民に開放すれば、欧米諸都市に比べて都市公園面積が小さく、美術館・博物館も少ない東京首都圏の市民に、都心型の巨大公園が提供される。市民のみならず観光客にとっても、文化、スポーツ、憩いの場として活用されるだろう。都心に緑があふれ、風格ある街づくりへの契機にもなろう。

ニューヨークのセントラルパーク、ロンドンのハイドパーク、パリのブローニュの森など、世界の先進大都市には、街の中心部に巨大な公園が整備されており、それが都市住民の憩いの場となって素晴らしい都市空間を提供しているのは皆さんご承知の通りだ。
都市が創造性を高める機能を持つには、オフィスビルや住宅だけで占拠されてしまうのではなく、都心にポッカリとあいたゆとりの空間を持つことがきわめて重要なのである。

そのポッカリとあいた空間で、散歩やジョギングをして体をほぐしたり、絵画を鑑賞し、音楽を聴き、歴史・伝統・文化に触れ、水と緑の中で対話する。そうした心と頭と体をリフレッシュする空間を持ってこそ、新しい活力と創造性が生まれてくるものだと思う。

そうした意味で、皇居を東京から移転し、跡地に江戸城の天守閣や本丸御殿を再建して日本の伝統文化の殿堂にし、さらに吹上御苑を美術館・博物館として再利用して、水と緑の回廊をつくり「東京セントラルパーク」として市民に開放することは、東京という大都会を創造性高い住みよい街として再構築するためにもきわめて価値のある政策なのである。

もちろん、あらためて言うまでもなく京都も大歓迎である。京都商工会議所は長年にわたり政府に要望を続けている。

「皇室の安心・安全と永続を実現するため、京都御所や京都迎賓館を擁する京都の地に皇室の方々にお住まいいただき、御活動していただくことについて検討を行うこと」

元来、明治維新後に京都から東京に皇居を移すに際して、正式に遷都令は出されていない。こうした形式的な理由は別にしても、日本文化を代表し、数多くの文化遺産や神社仏閣などの歴史的価値と景観を持ち、1000年以上都であった京都にお還りいただくことは、連綿と続いてきた日本の皇室の居場所としてふさわしく思われる。

そして、京都を日本および世界の儀典都市（新しいタイプのコンベンション都市）として活性化させ、大阪の第二首都構想と連携して地盤沈下の続く関西の復興にもつなげることが期待できる。

さらに、東京一極集中型の国土構造が、東京圏、京阪神の〝二眼レフ構造〟に推移していくことは、国家の危機管理の面でも望ましい。大都市直下型、プレート型の大地震も予測され、万が一、北朝鮮が暴走し、日本攻撃のミサイルが発射されでもしたらと考えると、日本の国家機能を一つの都市に集中させておくのは、危機管理上大きな問題である。

加えて、皇居移転や大阪第二首都構想などの首都機能の分散は、地方のやる気と工夫次第で地方創生につながっていく。もともとかつての日本は、政治の中心である江戸と、文化における中心である京、あるいは武家の拠点である江戸と庶民の街である大坂という複数の焦点を持ち、バランスのよい安定構造を維持していた。その意味で、一点にすべてが集中する現状は思わぬところでもろさをはらむ恐れがないとは言えまい。

このように、皇居の京都への移転は、日本の国家構造を変革することによって、危機管理を強化し、地方分権を促進させ、東京と京都をはじめとする都市を再生し、地方創生につながるという日本再生のための一大構想といっても過言ではない。わが国の将来の発展を見据えて、タブーなき議論を始めるべき時機を迎えているのではないだろうか。

文化の成長戦略こそ、日本再生の切り札

江戸城天守閣の復元への強い思いから、それを契機として、いかに東京再生・日本再

生に繋げていくか、という大きな構想について持論を述べてみた。

「なにを、そんな絵空事を」と言う人もいるだろう。しかし、少子高齢化、過疎過密化がますます進行するなかで、社会経済の活力をどのように維持するか、真剣に考え改革を実行しなければならない。それができなければこの国は衰退の一途をたどるであろう。

皇居の京都への移転は、議論百出、甲論乙駁、さまざまな意見が噴出し、そう簡単にはコンセンサスは得られないだろう。10年、20年いやもっと時間を要するかもしれない。しかし議論をスタートしなければ、何も変わらないのである。何事にもタブーなき議論ができることこそ民主政治のあるべき姿であろう。

江戸城の天守閣の復元を実現させることができれば、本丸御殿の再建だって決して不可能ではない。そこに日本文化の殿堂をつくれば、まさに千客万来。東京の観光振興、さらには経済再生につながっていくだろう。

ただ、私は決して東京だけが栄えればいいと考えているわけではない。東京一極集中を是正するためにも、地方創生につながる成長戦略が今こそ求められているのである。

そのためにも、日本の歴史、伝統、文化を象徴する建造物、つまり、神社仏閣、城郭、近代建築物などを地域住民、地域の企業・団体の参加と実践により、民間資金で復元・再建していくという全国運動を展開すべきである。

地域の力で地域の文化を再興し、多くの観光客を呼び込み、地域経済を発展させていく。そうした過程で郷土愛が育まれ、地域のアイデンティティーが確立されていく。

これこそが、文化の成長戦略なのである。地域に文化の花を咲かせることで、地方創生を実現していきたいものである。

この文化の成長戦略のスタートを切るのが江戸城天守閣の復元構想にほかならない。

元森ビル会長の故・森稔氏は、

「経済だけで文化のないような都市では、世界の人を魅きつけることはできない」

という言葉を残している。名言である。

東京都心の都市再開発を長年にわたって手掛けてきた同氏は、いかにして東京の再生を図るかを考え続けたに違いない。そのなかで、都市には経済的機能だけではなく、文化的機能が重要だということを発見したのではないか。

言い換えるなら、都市住民の生活や来訪者の滞在を満足させるには、物質的充足だけではなく、精神的充足が求められるということではないだろうか。都市の魅力は双方が相まって、初めて創造されるということだと思う。

しからば、文化とはなにか。広辞苑を引くとこう書いてある。

「人間が自然に手を加えて形成してきた物心両面の成果。衣食住をはじめ技術・学問・芸術・道徳・宗教・政治など生活様式の様式と内容を含む。」

ごもっともだと思うが、文化が形成できているのは歴史と伝統によってである。その意味で歴史、伝統、文化は一体なのである。

日本の首都・東京に、この街の歴史、伝統、文化を象徴するようなシンボルは見当たらないが、東京に歴史、伝統、文化が不在なのではない。江戸時代の度重なる大火、関東大震災、そして東京空襲。これらの惨禍によってさまざまな歴史的建造物や文化遺産が失われてしまったのである。誠に残念としか言いようがない。

しかしながら、ここであきらめてはいけない。私たちはもう一度、それらの価値ある素晴らしい文化を再生することができる。歴史的文化的に価値の高い建造物を復元し、現代に蘇らせ有効に活用し、未来に贈ることが可能なのだ。それこそが文化の再生、創造であり、継承であると思う。

日本の中世から近世への移行期、戦国の世から平和の世への変革期に、日本の政治の中枢として君臨した江戸城天守閣。その復元は、東京の再生を目指すなかで大きな意義を持つ。都民・国民の参加と協力、つまり民の力でそれが実現できたなら、東京は必ず生まれ変わる。私はそう確信している。

おわりに

本書を執筆している最中の平成28年（２０１６）４月14日と16日、熊本地震が発生した。マグニチュード７・３、震度７という強大な地震が熊本市を直撃。甚大な被害に見舞われた。多くの被災者の皆さまに心よりお見舞い申し上げたい。

この巨大地震で、あの天下の名城と謳われた熊本城が完膚なきまでに破壊されてしまった。私も心配でたまらず、６月27日に熊本城総合事務所を訪ね、雨のなか、被害状況を視察することができた。

武者返しと呼ばれる美しい曲線を描く石垣は見るも無残に崩れ落ち、重要文化財に指定される多くの櫓や門も木っ端微塵に破壊されていた。さらに、戦後鉄筋コンクリートで再建された天守閣も、鯱瓦など無数の瓦やガラス窓が破損し、天守台が一部崩れた影響で建物全体が北側に傾いてしまった。城郭はまるで廃墟と化し、巨大地震の恐ろしさを改めて認識させられた。残念でならない。重要文化財の木造建築物や石垣の耐震化について、今後の再検討は待ったなしだ。

その後、熊本市主導で「熊本城復旧復元プロジェクト」が動き出し、復旧費用は総額で600億円を超えるという報道もあった。そのなかで、「天守閣は70〜80億円かけて3年以内に鉄筋コンクリートのままで再建する」という方針だそうだ。

これはいかがなものか⁉　ちょっと待ってほしい。

天守閣の再建問題をめぐっては、行政や地元経済界のなかにも、

「復旧に長期間かかっても木造で再建し直すべきだ」

という意見もあったと聞く。学識者のなかにも
「熊本城は平面図や古写真などの資料が多く残っており、かなり正確な復元が可能だ。鉄筋コンクリートのまま修復してもやがて耐用年限を迎えるので、費用対効果からしても木造で再建した方がいい」

という意見もあった。

観光資源として一刻も早く再建したいという熊本市の気持ちもわかるが、櫓、門、石垣など本物の城郭を維持する天下の名城には、やはり本物の天守閣がふさわしい。

調査、検討、建設に時間がかかろうとも、それを熊本の地域の力で成し遂げてこそ、文化の継承とふるさとの創生につながっていくのではないだろうか。これを好機ととらえ、木造天守閣の復元に挑戦してほしいと願う。

熊本城も、名古屋城も、そして江戸城も、先人の知恵を学び、今を生きる私たちが再建できれば、それは将来の世代への素晴らしい贈り物になるに違いない。こんな夢を実現できるかは、私たちの意思と行動にかかっている。

繰り返し訴えてきたように、江戸城天守閣は日本一大きく荘厳であり、かつ当時として最新の先端技術で造られていた。この至宝ともいうべき城郭史上の最高傑作を現代に甦らせることができれば、東京は必ず生まれ変わる。私はそう確信している。東京五輪を迎える今こそ「江戸城再建計画」を始動する好機である。

もとより私は、歴史家でもなく城郭の研究者でもない。浅学非才の身でこんな大それたテーマで持論を展開するのは僭越至極であることは承知の上である。しかし「日本をそして首都東京をどうにか再生したい」という思いあまっての行動としてご理解いただければ幸いである。

本書を叩き台に、再建計画が大いに議論され、力強く前進していくことを願ってやまない。

最後に本書をまとめるにあたり、多くの皆さまにご指導いただきお世話になった。まず、城郭再建を研究する学識者、学芸員の皆さん、そして、市民運動を推進するＮＰＯ関係者の皆さん、特に広島大学大学院の三浦正幸教授には格別のご指導とご協力をいただいた。そしてエディター&ライターの入澤誠さん、歴史小説家の小泉俊一郎さん。こうした皆さんのご指導とご協力なしに本書を出版することはできなかった。この場をお借りして改めて御礼申し上げたい。誠にありがとうございました。

本書が江戸城天守閣復元に向けての一助になれば、このうえない幸いである。

平成28年11月吉日

参議院議員　松沢成文

【江戸城略年表】

	1150年前後	江戸重継が現在の江戸城二の丸周辺に城館を築く
康正3年	1457	太田道灌が同地に江戸城を築城
応仁元年	1467	応仁の乱勃発
大永4年	1524	北条氏綱が江戸城に入城、出城とする
天正18年	1590	徳川家康江戸城に入城
文禄元年	1592	西の丸新築、仮御殿を造営
慶長5年	1600	関ヶ原の合戦で家康が勝利
慶長8年	1603	神田山を崩し、外島州崎を埋め立てるなど城下拡張に着手
慶長11年	1606	江戸城の大増築工事開始、初期本丸御殿完成
慶長12年	**1607**	**江戸城（慶長度）初代天守閣が完成**
元和2年	1616	家康死去
元和9年	**1623**	**徳川秀忠により江戸城（元和度）二代目天守閣が完成**
寛永11年	1634	西の丸御殿焼失
寛永14年	1637	本丸天守台改造、本丸御殿新造
寛永15年	**1638**	**徳川家光により江戸城（寛永度）三代目天守閣完成**

寛永16年	1639	本丸御殿焼失、翌年再建
明暦3年	**1657**	**明暦の大火で天守閣、本丸・二の丸・三の丸の御殿など焼失**
万治元年	**1658**	**天守台石垣構築**
万治2年	1659	本丸御殿が再建（いわゆる「万治度御殿」）されたが、天守閣の再建は保科正之の判断により延期
正徳2年	**1712**	**天守再建計画が新井白石によって提出されるが実現せず**
天保9年	1838	西の丸御殿全焼、翌年再建
弘化元年	1844	本丸御殿全焼、翌年再建
嘉永5年	1852	西の丸御殿全焼、再建
安政6年	1859	本丸御殿を全焼
万延元年	1860	本丸御殿再建（本丸御殿最後の造営）
文久元年	**1861**	**天守台の石垣を縮小整備し、現在の姿に**
文久3年	1863	本丸、二の丸、西の丸御殿を全焼
慶応4年 明治元年	1868	江戸城、無血開城（4月11日） 明治天皇が入城して皇居に

【全国で天守閣復元を目指す城と活動団体】

【江戸城】（東京都千代田区）
NPO法人「江戸城天守を再建する会」
http://npo-edojo.org
㊥ ファックス：03-6423-1897
　メール：regist@npo-edojo.org

【盛岡城】（岩手県盛岡市）
盛岡市
㊥ 盛岡市役所都市整備部　公園みどり課
　電話：019-639-9057
　ファックス：019-637-1919

【小田原城】（神奈川県小田原市）
NPO法人「小田原城天守木造化プロジェクト みんなでお城をつくる会」
http://www.odawara-oshiro.org/web/index.html
㊥ 電話・ファックス：0465-46-8944

【駿府城】（静岡県静岡市）
静岡市
㊥ 静岡市役所公園整備課
　電話：054-221-1433
　ファックス：054-221-1294

【名古屋城】（愛知県名古屋市）
名古屋市（名古屋城）
http://www.nagoyajo.city.nagoya.jp
㊐ 電話：052-231-1700

市民団体「名古屋城天守閣を木造で復元し、旧町名の復活を目指す会」
http://www.nagoyajou.net/
Facebook　https://www.facebook.com/groups/334351686611768/
㊐ 電話：052-505-6237
　メール：kitami@tingin.jp

【津城】（三重県津市）
市民団体「津城復元の会」
http://tsu-castle.jimdo.com
㊐ 電話：090-8869-7528
　メール：kosuge_man@nifty.com

【尼崎城】（兵庫県尼崎市）
NPO法人「阪神文化財建造物研究会」
http://hanbunken.blog.fc2.com
㊐ メール：m-ybun@beige.plala.or.jp

【高松城】（香川県高松市）
NPO法人「高松城の復元を進める市民の会」
http://www.takamatsujyo.jp/
㊐ 高松市丸亀町商店街振興組合
　電話：087-823-0001
　ファックス：087-823-0730

参考文献（順不同）

『国史大系 徳川実紀』黒板勝美編、吉川弘文館
『日本史広辞典』山川出版社
『日本史年表』吉川弘文館
『徳川家康事典 コンパクト版』藤野保・村上直・所理喜夫・新行紀一・小和田哲男編、新人物往来社
『東京はなぜ世界一の都市なのか』鈴木伸子著、ＰＨＰ研究所
『日本の歴史13 江戸開府』辻達也著、中央公論新社
『大江戸開府四百年事情』石川英輔著、講談社
『日本地図から歴史を読む方法―都市・街道・港・城跡……意外な日本史が見えてくる』武光誠著、河出書房新社
『名城の日本地図』西ヶ谷恭弘・日弁貞夫著、文藝春秋
『武家の歴史』中村吉治著、岩波書店
『名古屋城叢書　特別史蹟名古屋城』山田秋衛著、名古屋城振興協会
『続・名古屋城叢書１　名古屋城こぼれ話』水谷盛光著、名古屋城振興協会
『江戸城―その全容と歴史』西ヶ谷恭弘著、東京堂出版
『ビジュアル日本史１０００城』三浦正幸監修、世界文化社

『天守再現！　これが江戸城だ！』三浦正幸監修、宝島社
『古地図で歩く江戸・東京歴史探訪ガイド』江戸楽編集部著、メイツ出版
『江戸の町（上・下）』内藤昌著、草思社
『復原・江戸の町』波多野純著、筑摩書房
『江戸の都市計画』童門冬二著、文藝春秋
『江戸城─本丸御殿と幕府政治』深井雅海著、中央公論新社
『江戸城─将軍家の生活』村井益男著、中央公論新社
『よみがえる江戸城─徹底復元・天下の巨城の全貌』平井聖・浅野伸子・小粥祐子著、学習研究社
「城と武将と城下町」（『サライ』２０１２年９月号）、小学館
『学んで歩く江戸・東京』門倉信夫著、大西啓義監修、門倉信夫発行
『名古屋城本丸御殿』名古屋城総合事務所
『特別展／徳川大坂城』大阪城天守閣
『特別展／大阪城の近代史』大阪城天守閣
『大阪城天守閣復興80周年記念特別展／天守閣復興80ｔｈ』大阪城天守閣
『大阪市公文書館研究紀要／昭和の大阪城天守閣築造』牧英正著、大阪市公文書館
『第13回首都圏政策研究会要旨／江戸城天守を再建する』首都圏政策研究会
『みずほリポート／国内観光市場の見通し 雇用への影響』みずほ総合研究所

『江戸城かわら版』江戸城再建を目指す会（江戸城天守を再建する会）
『日本橋／描かれたランドマークの400年』東京都江戸東京博物館、朝日新聞社
『家康、江戸を建てる』門井慶喜著、祥伝社
『すぐわかる日本の城』三浦正幸監修、東京美術
『城のつくり方図典 改訂新版』三浦正幸著、小学館
『江戸城寛永度天守再建調査検討委員会報告書』公益社団法人日本都市計画学会
『寛永度江戸城天守復元調査研究報告書』三浦正幸・中村泰朗・野中絢著、特定非営利活動法人江戸城天守を再建する会

始動！江戸城天守閣再建計画

2016年12月25日　初版発行

著者　松沢成文

松沢成文（まつざわ・しげふみ）
1958年神奈川県川崎市生まれ。慶應義塾大学法学部政治学科卒業後、松下政経塾に3期生として入塾。87年神奈川県議会議員選挙に立候補し、県政史上最年少議員として初当選。93年衆議院議員総選挙に立候補し初当選、3期務める。03年3月、神奈川県知事選挙に出馬し104万594票を獲得して当選、2期8年間で自ら掲げたマニフェストの約8割を達成した。13年参議院選挙に立候補し当選。著書に『教養として知っておきたい二宮尊徳』（PHP新書）、『甦れ！江戸城天守閣』（ヨシモトブックス）、『JT、財務省、たばこ利権～日本最後の巨大利権の闇～』（ワニブックス【PLUS】新書）、『生麦事件の暗号』（講談社）他

発行者　佐藤俊彦
発行所　株式会社ワニ・プラス
〒150-8482
東京都渋谷区恵比寿4-4-9　えびす大黒ビル7F
電話　03-5449-2171
発売元　株式会社ワニブックス
〒150-8482
東京都渋谷区恵比寿4-4-9　えびす大黒ビル
電話　03-5449-2711（代表）
装丁　橘田浩志（アティック）
柏原宗績
DTP　平林弘子
印刷・製本所　大日本印刷株式会社

ISBN 978-4-8470-6106-6
ワニブックスHP　https://www.wani.co.jp